Faksimiledruck der 1925
im Insel Verlag
erschienenen Ausgabe.

IBN BARGHUTH

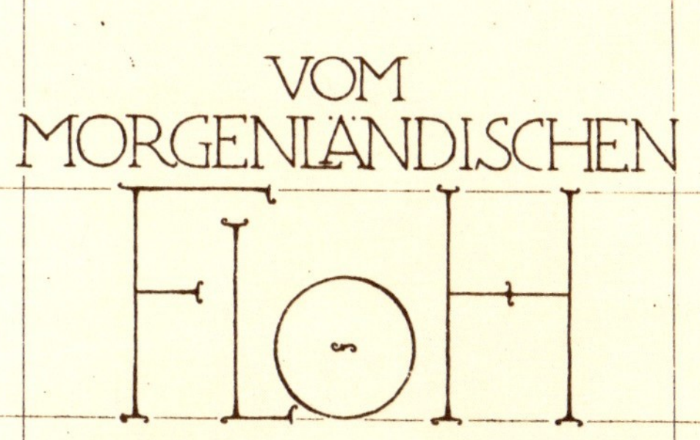

DICHTUNG UND WAHRHEIT
ÜBER DEN FLOH BEI
HEBRÄERN · SYRIERN
ARABERN · ABESSINIERN
UND TÜRKEN

VON
ENNO LITTMANN

MIT RADIERUNGEN VON
MARCUS BEHMER

IM INSEL-VERLAG, LEIPZIG
1925

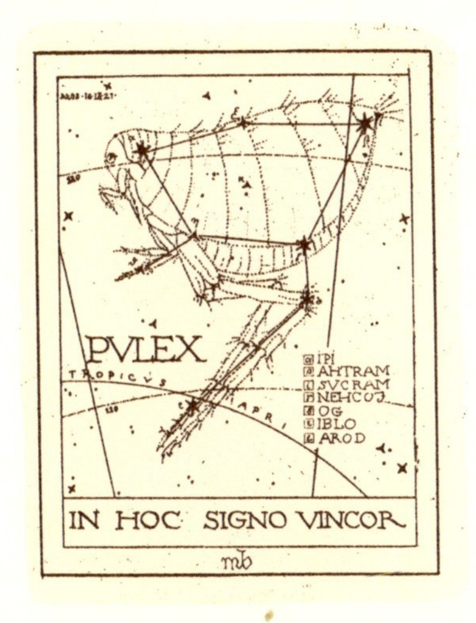

GEWIDMET
DEN FREUNDEN UND FEINDEN VON
PULEX IRRITANS
IN OST UND WEST

LIEDER
UND VERSE

DIE GESCHICHTE VOM FLOH UND SEINEN BRÜDERN

Ein Volkslied aus Beirut und dem Libanon

Vernimm in Andacht die Geschichte
Und hör von mir, was ich berichte.
Was soll ich dir vom Floh nur sagen!
Was mußt ich gestern von ihm ertragen!
Was ich dir vom Floh erzähle,
Das ist wahr, bei meiner Seele!
Er schlüpfte unter meine Decke
Und durchsuchte jede Ecke.
Er kam an meine Seit' gegangen,
Und seine Zähne waren Zangen.
Meine Kleider all zerriß er,
Keinen heilen Faden ließ er.
Wer's geschaut, ach, wer's gesehen!
Um meine Kraft war's bald geschehen.
Von seinen Bissen litt ich – ach! –
Lief fort, verbarg mich auf dem Dach,
Versteckte mich, bis der Tag begann,
Und rief; da kam viel Volks heran.
Aus seinem Fell machten wir ein Faß,
Das zehn Zentner Öles maß;
Schickten den Rest zum Gerberhaus,
Zehn Wasserschläuche wurden draus.
Von seinem Fell schoren wir die Woll,
Stopften achtzehn Betten damit voll,
Daß achtzehn Betten daraus kamen,
Außer dem, was seine Schwestern nahmen.
Von seinem Blute zapften wir ab,
Was achtzehn volle Krüge gab,
Achtzehn, über zwanzig gar,
Ungerechnet was noch übrig war.

Wir brachten sieben Ochsengespann;
Die schleppten ihn hinter die Mauer dann.
Hinter die Mauer schleppten wir ihn,
Draußen vorm Dorf versteckten wir ihn;
In ein Loch gruben wir ihn ein. –
Froh ward ich und litt nimmer Pein,
Froh ward ich und lebte in Frieden drauf. –
Ich hab's berichtet nach seinem Verlauf
Und – o Gott, der niemals fehlt! –
Reine Wahrheit nur erzählt.

✢ ✢ ✢

DIE GESCHICHTE VOM FLOH

Ein Volkslied aus Beirut und dem Libanon

Ich will in Versen und Gedichten
Das, was geschehen, euch berichten.
Die ganze Nacht wacht' ich im Bette;
Mir war's, als ob ich Krätze hätte. –
Der Floh ließ mich zur Ruhe gehn,
Begann sich kreisend auf mir zu drehn
Und sprach: »Seit langem faste ich,
Und darum plagt der Hunger mich.«

Ich sagte: »Streite nicht mit mir;
Ich litt schon grad genug von dir.
Um Gottes willen, schon' mich nun!
Ich bin zu müde, laß mich ruhn!«

Er sprach: »Das ist mir einerlei,
Ob's Freude dir, ob's Kummer sei.
Mein Essen ist heut nacht dein Blut;
Gott mach es morgen wieder gut!«

Ich sprach: »Ich schätze dich ja sehr,
Will von dir singen ringsumher.
Ein andrer geb dir heut zu speisen.
Ich schlafe, laß mich, geh auf Reisen!«

Er sprach: »Das geht nicht, wie's dir paßt.
Heute nacht bin ich dein Gast.
Eine Schmach für dich, o weh,
Wenn ich hungrig von dir geh!

Glaub nicht, ich würde bange sein.
Rasch dring ich in deine Kleider ein.
Ich werde dich in die Flanken zwicken;
Und du kannst mich ja doch nicht knicken!«

Ich sprach zu ihm: »Hör auf mein Wort,
Floh, geh, bitte, von mir fort!
Laß mich den Schlaf genießen hier;
Du tust ein gutes Werk an mir.«

Er sprach darauf: »Dein Rat ist schlecht,
Und er ist mir gar nicht recht.
Auf dein Wort ist nichts zu geben,
Den Menschen trau ich nie im Leben.«

Ich drauf: »Warum gehorchst du nicht,
Du gottverfluchtes Schwarzgesicht?
Du lügst, bist aller Kräfte bar;
Daß du nichts kannst, das ist bald klar.«

Er sprach: »Schätz mich nur nicht gering,
Mein Tun bei Nacht ist ein groß Ding.
Ich nehm's mit dem größten Helden auf,
Und kämen die feindlichen Ritter zuhauf!
Mit meiner Schwärze schimpfst du mich,
So bin ich denn ein Feind für dich.
Ich komme mit meinen Kindern heute,
Zeig dir das Tun der schwarzen Leute.«

»O Floh, das ist mir einerlei,
Brächtst du auch noch deine Vettern herbei.
Ich quetsche Vater und Mutter dein,
Deine Söhne samt den Töchterlein.«

Er sprach zu mir: »Schlaf nur erst ein,
Mein ganzes Heer wird bald hier sein.
Wir werden dir in die Hosen dringen;
Mich packen wird dir nicht gelingen.
Ich speise, du wirfst dich hin und her;
Zu schlafen fällt dir sicher schwer.
Ins Fleisch hakt sich mein Zahn dir ein.
Haut und Hemd färb ich dir fein.«

Ich sprach: »Verständest du deine Sache,
So kämst du zu mir, wenn ich wache.
Helle Sonne schiene dann,
Wir sähen, wer den Sieg gewann.«

Er sprach: »Ich faste bei Tageslicht,
Drum mache mir's zum Vorwurf nicht.
Steh schlafenssatt des Abends auf,
Beginn auf Waden meinen Lauf.
Und bietet sich bei Tag ein Bissen,
So werd ich den wohl auch nicht missen.
Wär's mir nicht um den Ruf zu tun,
Ich ließe keinen Menschen ruhn.
Wenn du meinst, du könntest mich fassen,
Bemeistern und ins Grab fahren lassen –
Du wirst mich nie zu Tode bringen,
Magst gazellengleich du springen.
Doch hättest du mich in Gewalt,
Dann zerquetschest du mich bald.
Dann ließest du mich nimmermehr
Und freutest an meinem Tode dich sehr.
Ich aber um die Mitternacht
Pack meinen Feind mit aller Macht,
Renn wie ein Pferd nach Herzenslust

Und mach zur Rennbahn deine Brust.
Du Armer, laß das Schimpfen sein;
Mein Biß dringt wie ein Messer ein.
Der Schmerz davon ist nie zu heilen;
Des Müden Schlaf macht er enteilen,
Dem Schläfrigen raubt er die Ruh,
Zumal, deckt jener warm sich zu.
Mensch, es ist besser, sei nicht roh:
Mein Feind wird nie seins Lebens froh.
Mein Feind erlebet keine Freude,
Verbringt die Nacht in bittrem Leide.
Und tränke er auch sehr viel Wein,
Mein Biß macht Trunkne nüchtern fein.
Schlaf hier nicht mehr und füge dich:
An meinen Stichen kennt man mich.
Fast machten sie die Toten lebendig. –
Mensch, fürchte Gott, und sei verständig!«

Ich sprach zu ihm: »Halt ein, du Wicht;
Dein freches Wesen mag ich nicht.
Ich mache für dich einen Feuerbrand,
Den schür ich mit Dornen und Tragant.«

⁂

DAS RESPONSORIUM VOM FLOH

Ein Volkslied aus dem Libanon

Der Vorsänger: Der Floh war gar nicht bange
Und speiste auf meiner Wange.
Er drang in meine Ohren ein
Und sang ein Trillerliedchen fein.

Der Chor: Der Floh war gar nicht bange
Und speiste auf meiner Wange.
Er drang in meine Ohren ein
Und sang ein Trillerliedchen fein.

Der Vorsänger: Der Floh war gar nicht bange
Und speiste auf meiner Wange.
Er sprach zu mir vermessen:
»Ich will jetzt von dir fressen.«

Der Chor: Er sprach zu mir vermessen:
»Ich will jetzt von dir fressen.«

Der Vorsänger: »So groß wie ich ist keiner;
Mir gleichet auch nicht einer.
Ich wünsche nun die Mahlzeit mein;
Das müssen zwei Hektoliter sein.«

Der Chor: Der Floh war gar nicht bange
Und speiste auf meiner Wange.
Er drang in meine Ohren ein
Und sang ein Trillerliedchen fein.

Der Vorsänger: »Ich wünsche nun die Mahlzeit mein;
Das müssen zweitausend Liter sein.« –
Die Kunde soll nun eilen
Zu allen, die hier weilen.

Der Chor: Die Kunde soll nun eilen
Zu allen, die hier weilen.

Der Vorsänger: Da kamen angelaufen
Die Drusen und Christen in Haufen.
Ich zählte alle ihre Reihn;
Es mochten wohl zweihundert sein.

Der Chor: Der Floh war gar nicht bange
Und speiste auf meiner Wange.
Er drang in meine Ohren ein
Und sang ein Trillerliedchen fein.

Der Vorsänger: Ich zählte alle ihre Reihn;
Es mochten hunderttausend sein.
Und sprach zum Floh: »Hienieden
Laß du mich jetzt in Frieden!«

Der Chor: Und sprach zum Floh: »Hienieden
Laß du mich jetzt in Frieden!«

Der Vorsänger: Doch sein Zorn erglühte,
Sein rotes Auge sprühte.
Jetzt sinnt er gar, die Augen mein
Herauszureißen mir zur Pein.

Der Chor: Der Floh war gar nicht bange
Und speiste auf meiner Wange.
Er drang in meine Ohren ein
Und sang ein Trillerliedchen fein.

✢ ✢

✢

KLAGELIED DES GEFANGENEN PRINZEN EL-AS'AD

Aus Tausendundeiner Nacht

Qual des Sehnens muß ich kosten, Trauer hält mich immer fest,
Und ich bin in Leid versunken, das mich nimmer ruhen läßt.
Ach, ich finde keinen trauten Freund, der mir Erbarmen zeigt,
Der zum Kranken kommt und freundlich sich in Trauer zu ihm neigt.
Lebet denn noch ein Gefährte, der in Liebe sich mir eint,
Der um die durchwachten Nächte und die Leiden mit mir weint?
Klagen möcht ich ihm den Kummer, der in meinem Herzen brennt,
Wenn mein Auge immer wach ist und den Schlummer nicht mehr kennt.
Ach, so lange wird die Nacht mir, wenn die Folter nimmer ruht,
Und im Feuer meiner Sorgen brenn ich, in der Flammenglut.
Und die Wanzen und die Flöhe trinken von dem Blute mein
Gleichwie aus der Hand des jungen, zarten Schenken roten Wein.
Und der Leib, der durch die Bisse läst'gen Ungeziefers schwand,
Gleichet, ach, dem Geld der Waise in des bösen Richters Hand.

\+ + +

AUS ALTARABISCHEN LIEDERN

Klagelied des Arabers Mahbûb ibn Abi el='Aschannat, als er zur Zeit der Flöhe in Baghdad weilte

Fürwahr ein Trauergarten oder auch ein Feld,
Ein nacktes, ungepflügtes, ist, wenn mein Fuß dort hält,
In meinen Augen schöner und reicher als die Pracht
Von Maulbeer und Granate, die hier bei Baghdad
lacht.

Die Nacht teilt sich in Hälften, die eine für den Kummer,
Die andre für die Flöhe, – wie fern ist da der Schlummer!
So wach ich, bis die ersten der Hüpfer auf mich springen,
Gekrümmt muß ich bald schreien, bald Gottes Lob=
lied singen.
Die schwarzen, zarten Reiser – o Qual in Dunkelheit! –
Und wer nach ihnen suchet, wird dennoch nicht befreit.

✣

Ein Gleiches von einem Araber, der sich in Cairo aufhielt

In meiner freien Wüste war mir die Nacht nie lang –
In Cairo aber war die Nacht schier ohne Ende!
Verbringe ich wohl dort noch eine einz'ge Nacht,
Ohn' daß ein Floh den Weg zu meinem Leibe fände?

✣

Ein Distichon von Madschd ed=Dîn Abu el=Maimûn el=Kinâni

Und sie sind eine Schar, die jeder töten darf,
Wie sie in Mekka gar der Pilger Blut genießen.
Vergieße ich ihr Blut, so lässet meine Hand
Ja nur mein eigen Blut und nicht das ihre fließen.

✣ ✣ ✣

VERSE AUF DEN SCHÖNEN JÜNGLING IBN BARGHUTH[1]

Von Abu el-Hasan ibn es-Sakra el-Hischâmi

Ich leide Qualen, aber – ich sage nicht, durch wen,
Sagt ich's, dann würden andre um seine Liebe flehn.
Ein Freund, auf des Geheiß der Schlummer von mir wich,
Und schließe ich die Lider, so weckt sein Vater mich.

✣

Es ist, als säh mein Auge ein Mal auf seiner Wange,
Um das sich zarte Härchen aus weichem Flaume ziehn.
Er gleichet einem Mohren, der dient in einem Garten,
Sein Herr hält ihn gefesselt aus Furcht, er möchte fliehn.

✣

Wenn ich meine Liebe ihm schenke, so ist das keine Verwirrung,
Denn ich verschmähte das Schöne, das Häßliche traf meine Wahl.
Und doch, ich wache mit Eifer ob meiner Liebe zum Schönen,
Und nur das Schöne lieben ja alle Menschen zumal.

✣

Du trägst ein schwer Verschulden durch jenen, den du liebest,
Drum sprich: »Auch ich trage Schuld«, wenn dir ein Unrecht geschehn.

[1] Ibn Barghûth heißt zu deutsch »der Sohn des Flohs«, sein Vater hieß also Floh. In den Liebesversen spielt der Dichter mit diesem Namen, indem er bald an den Jüngling, bald an den Floh, bald nur an den Namen denkt.

Denn wenn du in deiner Liebe das Unrecht nicht verzeihest,
So meidet der Freund dich, und du mußt traurig von ihm gehn.

✣

Die letzten beiden Strophen sollen nach einer anderen Überlieferung von el-'Abbâs ibn el-Ahnaf stammen.

✣ ✣ ✣

SCHERZGRUSS DES NORDABESSINIERS ADDALA

an ein Mädchen im Tieflande Hebûb

Die Halîma in Hebûb
grüße, o Sâlem, Sohn des 'Andscha!
Sie zieht nicht hinauf ins Hochland,
zu seinen Wanzen und Flöhen.
Und ich ziehe nicht zu ihr:
den Gruß trag ich dir zum Scherz auf.

✣ ✣ ✣

AUS DEM RACHELIED DES NORDABESSINIERS DSCHAMIL

an einen vornehmen Ehebrecher

Auf dich blickt nicht das Antlitz
der Männer, die heute geboren,
Wenn dich die drei nicht quälen:
Floh und Wanze und Heuschreck.

✣ ✣ ✣

AUS DER MÄRCHEN- UND FABELWELT

DIE MAUS UND DER FLOH

Aus Tausendundeiner Nacht

Man erzählt, daß einst eine Maus im Hause eines Kaufmanns lebte, der eine große Menge von Waren und viel Geld besaß. Eines Nachts nun kroch ein Floh in das Bett jenes Kaufherrn; da fand er, daß der Mann einen zarten Leib hatte, und weil er selbst durstig war, so trank er von dessen Blut. Aber da der Flohstich ihn schmerzte, so erwachte der Kaufmann aus dem Schlafe, richtete sich im Sitze empor und rief seine Sklavinnen und einen seiner Diener. Die kamen eilends herbei, schürzten ihre Ärmel auf und suchten nach dem Floh. Als der aber merkte, daß man nach ihm suchte, wandte er sich zur Flucht, traf auf ein Mauseloch und hüpfte hinein. Wie die Maus ihn sah, fragte sie ihn: »Was führt dich zu mir, dich, der du weder von meiner Art noch von meinem Stamme bist, den nichts vor Grobheit, Mißhandlung und Gewalttat sichert?« Der Floh gab ihr zur Antwort: »Sieh, ich bin in deine Wohnung geflohen, um mich vor dem Tode zu retten; ich bin als Schutzflehender zu dir gekommen, es gelüstet mich nicht nach deinem Hause, dir soll von mir nichts Böses widerfahren, das dich aus deiner Wohnung vertreiben könnte. Nein, ich hoffe vielmehr, dir deine Güte gegen mich aufs beste zu lohnen; dann sollst du erleben und preisen, wie meine Worte sich erfüllen.« Auf diese Worte des Flohs erwiderte die Maus: »Wenn die Sache so ist, wie du sie beschrieben und erzählt hast, so bleib in Sicherheit hier, dir soll nichts Böses widerfahren; du sollst nur das erleben, was dir Freude macht, nur das soll dir begegnen, was auch mir begegnet. Ich will dich mit meiner Liebe überschütten; du brauchst es nicht zu bereuen, wenn dir das Blut des Kaufmanns entgeht, noch darüber zu trauern, daß du früher bei ihm Nahrung fandest. Begnüge dich mit dem, was dir an Lebensunterhalt sich bietet; das ist sicherer für dich. Ich habe vernommen, o Floh, daß einer der lehrhaften Dichter einmal diese Verse sprach:

Ich gab mich zufrieden, mein Leben war einsam;
Mit dem, was sich darbot, verbracht ich die Zeit:
Mit trockenem Brote, mit Wasser zum Trinken,
Mit körnigem Salz und mit schäbigem Kleid.
Erleichtert mir Allah das Leben, so freut's mich.
Wo nicht, so genügt mir, was Er mir verleiht.

Als der Floh die Worte der Maus vernommen hatte, sprach er: »Schwester, ich höre auf deine Ermahnung, und ich füge mich dir in Gehorsam, ich habe auch keine Kraft, dir zu widersprechen, bis die Aufgabe des Lebens in dieser guten Absicht erfüllet wird.« Die Maus erwiderte darauf: »Für die echte Freundschaft genügt die aufrichtige Absicht.« So ward das Band der Freundschaft zwischen ihnen beiden geknüpft; und darauf lebte der Floh des Nachts im Bette des Kaufmanns, ohne mehr zu nehmen, als er gerade zum Leben notwendig hatte, am Tage aber lebte er bei der Maus in ihrem Loche. Nun begab es sich, daß der Kaufmann eines Abends viele Goldstücke mit nach Hause brachte und sie genau anzusehen begann. Wie die Maus den Klang der Dinare hörte, steckte sie den Kopf aus ihrem Loche heraus und sah sie an, bis schließlich der Kaufmann das Geld unter ein Kissen barg und sich zum Schlafe niederlegte. Da sprach sie zum Floh: »Siehst du nicht die Gelegenheit, die sich darbietet, und den großen Glücksfall? Weißt du ein Mittel, das uns in den Stand setzte, jene Dinare dort zu gewinnen?« Doch der Floh erwiderte: »Wenn einer ein Ziel erstrebt, so muß er ihm auch gewachsen sein; ist er aber zu schwach dazu, so gerät er in eine Lage, vor der er sich hüten sollte, und er erreicht seinen Wunsch nicht, eben weil ihm die Kraft dazu fehlt, mag auch alle Stärke des Listenreichen aufgewandt werden; dann gleicht er dem Sperling, der Körner picken will, aber dabei ins Netz fällt, so daß der Vogelsteller ihn fängt. Du hast doch nicht die Kraft, die Dinare zu nehmen und aus dem Hause zu schleppen, und auch ich habe nicht die Fähigkeit dazu, ja, ich kann nicht einmal einen einzigen von den Dinaren tragen. Was gehen dich also die Goldstücke an?« Da sagte die Maus: »Sieh, ich habe in meinem Loche hier siebzig Ausgänge hergestellt, aus denen ich hinausschlüpfen kann, wann ich nur will; und ferner habe ich für die Vorräte einen sicheren Platz bereitet. Gelingt es dir, ihn durch eine List aus dem Hause hinauszutreiben, so glaube ich an den Erfolg mit Sicherheit, wenn nur das Geschick mir seine Hilfe leiht.« »Ich übernehme es dir, ihn aus dem Hause zu treiben«, sprach der Floh, hüpfte alsbald auf das Lager des Kaufmanns und stach ihn so furchtbar, wie jener es zuvor noch niemals von ihm erlebt hatte; dann eilte er davon an einen Ort, an dem er vor dem Manne sicher war. Der Kaufmann erwachte und suchte nach dem Floh, fand ihn aber nicht; da legte er sich auf die andere Seite und schlief weiter. Aber der Floh biß ihn noch einmal, noch schmerzhafter als vorher. Nun verlor der Kaufmann die Geduld, verließ sein Lager und ging hinaus zu einer Bank neben der Haustür; dort legte er sich nieder und wachte nicht wieder auf bis zum Morgen. Inzwischen hatte die Maus sich darangemacht, die Goldstücke wegzuschleppen, bis sie keine mehr von ihnen übriggelassen hatte. Als es aber Morgen geworden war, lenkte der Verdacht des Kaufmanns sich auf die Leute, und er machte sich allerlei Gedanken.

DIE LAUS UND DER FLOH

Aus dem Buche von Kalíla und Dímna

Im Bette eines vornehmen Mannes war eine Laus; die pflegte, wenn der Mann schlief, ihn behutsam zu beißen, so daß er es nicht merkte. Lange Zeit wohnte sie dort, ohne daß jemand sie fing. Da kam einmal ein Floh gesprungen, und als sie den sah, rief sie ihn und sprach zu ihm: »Komm hierher, ich will dir ein weiches Bett und süßes Blut geben; denn der Besitzer des Bettes hält feine Mahlzeiten und hat süßes Blut!« Zur Nachtzeit aber, als der Mann in seinem Bette schlief, biß der Floh ihn heftig. Sofort stand jener auf und forschte nach, indem er sprach: »Wer ist das da, der mich gebissen hat?« Der Floh nun hüpfte von dannen und entkam. Doch als der Mann das Bett durchsuchte, fand er nur die Laus und tötete sie.

Die gleiche Fabel in indischer Fassung

Ein König hatte ein mit allen Vorzügen ausgestattetes Bett, dem kein anderes zu vergleichen war. In diesem lebte an einer Stelle der Decke eine Laus namens Mandavisarpini[1]. Da fiel in dem Bette ein vom Winde hergetriebener Floh nieder, namens Tintabha[2]. Als dieser sah, wie das Bett eine äußerst feine Decke hatte, mit den beiden Kissen ausgestattet war, breit war wie eine Sandinsel im Ganges, ganz weich und duftig, da kam die höchste Befriedigung über ihn. Seine Berührung zog sein Herz an, und indem er hierhin und dorthin umherspazierte, traf er zufällig mit jener Mandavisarpini zusammen. Diese redete ihn an: »Woher kommst du in diese für dich ungeeignete Wohnung? Mach, daß du hinauskommst!« Der Floh erwiderte: »Edle Frau! Ich habe zwar auf Erden schon allerlei Fleischsorten gekostet, die sich in Menschen aller vier Kasten, der Priester, Krieger, Bauern und Hörigen, befanden, und ebenso ihre Blutsorten. Diese aber waren herb, schleimig, unschmackhaft und ohne Reiz. Der jedoch, der dieses Bett aufsucht, der wird ein herzerquickendes, nektargleiches Blut haben. Infolge seiner Gesundheit, die deshalb entsteht, weil durch die stets von den Ärzten sorgfältigst verwendeten Heilkräuter und andere Mittel der Wind, die Galle und der Schleim – diese drei Grundsäfte des menschlichen Körpers – beherrscht werden, so denke ich mir, daß durch Nahrungsmittel, die ölig, mild und flüssig sind, die kunstvoll aus Melasse und Granatäpfeln mit klarem Zucker und Ingwer hergestellt sind und die durch das allerbeste Fleisch von Tieren

[1] D. i. die Langsamkriechende. – [2] D. i. wohl »der Springer«, ein neugebildetes Wort.

des Landes, des Wassers und der Luft nahrhaft gemacht werden, sein Blut aufgehäuft ist und einem heilsamen Lebenselixier gleicht. Und da es so duftend und nahrhaft ist, möchte ich es kosten, wenn du es gnädig erlaubst.« Da sagte Mandavisarpini: »Dies ist ganz undenkbar für Wesen wie du, die einen Feuermund haben und ihr Leben durch Beißen fristen. Entferne dich aus diesem Bette.« Da tat er vor ihr einen Fußfall. Sie aber gab infolge ihrer angeborenen Freundlichkeit ihre Zustimmung und sprach: »Es sei! Aber du darfst nicht zur Unzeit und nicht an einem allzu zarten Körperteil auf ihn einstechen.« Der Floh sagte: »Welches ist seine Zeit? Ich weiß das nicht, weil ich mit ihm nicht vertraut bin.« Sie aber sprach: »Wenn ihn infolge des Trinkens von berauschenden Getränken und Ermüdung der Schlaf übermannt hat, oder wenn er nach dem Liebesspiel fest eingeschlafen ist, dann mußt du behutsam und sanft vorgehen. Wenn sein Körper infolge des Rausches oder der Ermattung vom Schlaf bezwungen ist, dann wacht er nicht gleich auf.« Trotzdem dies nun ausgemacht war, biß der Floh, der sich nicht auf die rechte Zeit verstand, den König gleich bei Anbruch der Dämmerung. Der König aber, als hätte ihn ein Feuerbrand versengt, krümmte seinen Bauch, sprang eiligst auf und rief: »Es hat mich jemand gebissen!« Kaum hatte der Floh des Königs Worte gehört, so sprang er infolge seiner Behendigkeit von dem Bette hinab und kroch anderswo in eine Ritze. Die Kämmerlinge aber suchten auf Befehl ihres Herrn ganz sorgfältig, und als sie die Decke um und um wandten, erwischten sie die darin sitzende Mandavisarpini und töteten sie.

+

TIBETANISCHES MÄRCHEN VON DER LAUS UND DEM FLOH

das ist von Buddha und seinem Feinde Dewadatta

In alter Zeit ward ein Asket durch Läuse in seinen Betrachtungen gestört. Endlich traf er mit ihnen die Abmachung, daß sie ihn zur Zeit der Betrachtung in Ruhe lassen sollten. Später gesellte sich ein Floh zu ihnen; aber der kümmerte sich nicht um diese Abmachung. Wie nun durch ihn der Asket in seinen Betrachtungen gestört wurde, zog er sein Gewand aus und warf es ins Feuer. Da kamen die vertragstreuen Läuse mitsamt dem frechen Floh ums Leben. Buddha selbst war eine der Läuse, Dewadatta aber der Floh, der den Läusen Verderben brachte.

Dies erzählte der glückselige Buddha zu seinen Lebzeiten als eine der vielen Erinnerungen aus seinen früheren Existenzen.

✢ ✢ ✢

VOM URSPRUNG DER FLÖHE

Ein kurdisches Märchen aus Kleinasien

Während der Sintflut strandete die Arche Noahs auf einem Felsen und bekam ein Leck. Da nun Noah und die Seinen in Gefahr waren, den Fischen zum Opfer zu fallen, redete die Schlange Noah an und versprach ihm, sie werde ihm helfen, wenn er sie nach Abnahme der Flut mit menschlichem Fleisch speisen würde. In seiner Verlegenheit willigte Noah ein, und die Schlange rollte sich in dem Loche zusammen, daß kein Wasser mehr ins Schiff fließen konnte. Als die Sintflut verlaufen war, forderte die Schlange ihre Belohnung. Noah aber fragte in heller Verzweiflung den Engel Gabriel um Rat, und wie dieser ihm gesagt, warf er die Schlange ins Feuer, wo sie gleich ganz verbrannte. Die Asche warf er in die Höhe, daß die Winde sie wegbliesen. Sie verwandelte sich in kleine Insekten, es wurden Wanzen und Flöhe und derlei Ungeziefer daraus. Die plagen die armen Menschen bis zum Jüngsten Tage, und auf die Weise genießt die alte Schlange ihre versprochene Speise.

+

Dasselbe nach einer türkischen Fassung

Die Schlange erbot sich, ein in der Arche entstandenes Leck zuzustopfen, aber nur unter der Bedingung, daß sie das Recht hätte, das erste Wesen, das aus der Arche käme, zu stechen. Notgedrungen nahm Noah den Vorschlag an, und die Schlange rollte sich zusammen. Als die Arche gelandet war, trat Sem zuerst heraus. Noah war in Verzweiflung, und um sein Kind zu retten, schlug er die Schlange mit der Axt in Stücke. Da stürzten aus dem Körper des Tieres Myriaden schädlicher Insekten heraus, Stechfliegen, Pferdefliegen, Flöhe, die Noah und seine Kinder stachen. Dies ist der Ursprung der Insekten.

FLÖHE ALS GEISTERTIERE

Tausendundeiner Nacht in Kürze nacherzählt

Prinz Kamar ez-Zamân sollte sich auf Befehl seines Vaters, des Königs Schehrimân, vermählen; aber er weigerte sich dessen und sprach mancherlei Dichterworte, in denen das Geschlecht der Frauen hart beurteilt wurde. Schließlich ward der König ungeduldig und ließ seinen Sohn, um ihn gefügig zu machen, in einen alten Turm einsperren. Während der Prinz dort schlief, stieg die Dämonin Maimûna aus dem Brunnen empor und war von der Schönheit des Jünglings hingerissen. Als sie dann gen Himmel flog, begegnete ihr der Dämon Dahnasch; der hatte im Lande China die Prinzessin Budûr gesehen, die von ihrem Vater aus demselben Grunde gefangengesetzt war wie Kamar ez-Zamân. Dahnasch rühmte die Schönheit der Prinzessin, Maimûna die des Prinzen. Um aber zu wissen, wer von beiden am schönsten sei, holten die beiden Geisterwesen die Prinzessin Budûr, trugen sie durch die Luft dahin und legten sie an der Seite des Prinzen nieder. Als sie sich auch dann nicht einigen konnten, riefen sie den Dämon Kaschkasch als Schiedsrichter an. Der kam und sah die beiden schönen jungen Menschenkinder nebeneinander liegen. Dann sprach er: »Bei Allah, wenn ihr die Wahrheit hören wollt, so sage ich euch offen, die beiden sind gleich an Schönheit und Lieblichkeit, an Anmut und Vollkommenheit, und es ist kein Unterschied zwischen beiden, nur daß sie verschiedenen Geschlechts sind. Doch ich habe noch einen anderen Gedanken, und der ist, daß wir je einen von den beiden aufwecken, ohne daß der andere es weiß; und wer dann von heißerer Liebe zu dem anderen entzündet wird, der soll ihm an Schönheit und Anmut unterlegen sein.« Maimûna sprach: »Der Rat ist gut,«

und Dahnasch: »Ich bin damit einverstanden.« Da verwandelte Dahnasch sich in die Gestalt eines Flohes und biß den Kamar ez-Zamân; der aber fuhr erschrocken aus seinem Schlafe auf. Dann kratzte er die Stelle des Bisses an seinem Nacken, weil der Schmerz ihn so sehr brannte, und dabei bewegte er sich zur Seite. Und da sah er neben sich etwas liegen, dessen Hauch süßer als duftiger Moschus und dessen Leib weicher als Rahm war. Verwundert und sehnsuchtsvoll schaute er die Jungfrau an, er versuchte sie zu wecken, aber Dahnasch hatte sie in einen tiefen Schlaf versenkt. Da sagte er sich, er wolle bis zum Morgen warten und dann seinen Vater bitten, ihn mit dieser Jungfrau zu vermählen. Er berührte sie nicht, sondern nahm ihr nur den Ring vom Finger und gab ihr dafür den seinen.
Darauf verwandelte Maimûna sich und nahm die Gestalt eines Flohes an; dann drang sie in das Gewand der Prinzessin Budûr ein, kroch auf ihre Wade und dann weiter auf ihren Schenkel, und als sie vier Finger breit unterhalb ihres Nabels war, da stach sie sie. Alsbald öffnete die Prinzessin ihre Augen und setzte sich aufrecht; und sie sah einen Jüngling an ihrer Seite ruhen, der in seinem Schlafe tief atmete, das schönste der Geschöpfe Allahs des Erhabenen. Aber sie war nicht so zurückhaltend gegen den schlafenden Prinzen, wie er gegen sie gewesen war. So entschied es sich denn, daß Kamar ez-Zamân schöner war als die Prinzessin Budûr.

✢ ✢

✢

FLÖHE IM ZELTE

Aus einem arabischen Beduinenmärchen

In alter Zeit lebte einmal ein Emir, der berühmt war unter den Arabern. Sein Stamm hieß Beni en-Nadâwi, und der Emir trug den Namen Husâm en-Nadâwi. Und an Kamelinnen besaß er zehn Herden, und jede Herde bestand aus tausend Köpfen; dazu noch das Kleinvieh, weiße Schafe und schwarze Ziegen. Auch hatte er gemünztes Gold, so viel, daß es nicht gezählt werden konnte. Eines Tages nun beschloß er, nach dem Hidschâz zu ziehen auf die Pilgerfahrt. Er hatte aber keine Kinder, sondern nur einen Neffen namens Muhammed; der war reich und ein guter Reitersmann. Da rief der Emir Husâm seinen Neffen und trug ihm auf, über die Araber zu herrschen, solange er selbst sich auf der Pilgerfahrt befinde, und auch auf seine Herden zu achten. Muhammed hörte auf seinen Oheim, und so zog der Emir Husâm en-Nadâwi auf die Pilgerfahrt. Muhammed aber herrschte über die Araber mit Rat und Gebot und empfing die Gäste und bewirtete sie, bis sein Ruf zu allen Arabern gedrungen war. Zehn Tage nachdem sein Oheim fortgezogen war, kamen Gäste zu ihm; denen schlachtete er ein junges Kamel und bereitete ihnen ein Mahl. Es war aber Sitte bei den Arabern, daß, wenn ein Mahl für die Gäste stattfand, ein besonderes Stück vorhanden war für die Frau des Häuptlings; und so pflegte man, wenn die Gäste sich zum Mahle niedersetzten, dies Stück Fleisch zu nehmen und es der Frau des Häuptlings zu schicken. Die Frau des Häuptlings Husâm en-Nadâwi aber aß das Stück Fleisch nicht, sondern sie behielt es bis nach der Mahlzeit, bis Muhammed mit der Unterhaltung der Gäste fertig war und sich erhob, um sich schlafen zu legen. Dann brachte sie, ehe er schlief, das

Stück Fleisch und gab ihm zu essen; und er aß zusammen mit ihr gesunden Herzens. Sie aber hatte sich bereits in ihn verliebt; und sie tat dies, um ihm nahe zu sein. Eines Tages nun, während sie aßen, begann sie Zeichen der Liebe zu ihm zu machen; er aber achtete gar nicht auf sie. Nun pflegte Muhammed wegen der vielen Flöhe draußen vor dem Zelte zu schlafen. Und einmal des Nachts wurde die Frau des Emirs Husâm en-Nadâwi von übergroßer Leidenschaft und Begehr nach der Liebe Muhammeds erfaßt; da stand sie von ihrem Lager auf, wusch sich und salbte sich mit wohlriechenden Spezereien und legte sehr prächtige Kleider an und ging zu der Stätte, an der Muhammed schlief.

Wie Potiphars Frau den Joseph, so suchte diese Häuptlingsfrau den Neffen ihres Gemahls zu verführen. Aber es gelang ihr nicht. Als er sie mehrere Male abgewiesen hatte und ihr schwor, er würde ihr den Kopf abschlagen, wenn sie noch ein anderes Mal zu ihm käme, verwandelte sich ihre Liebe zu ihm in Haß gegen ihn, und sie sann auf Böses wider ihn.
Diese Erzählung ist dann noch weit ausgesponnen. Der sie erzählte, war ein Bauer aus Südpalästina, er hatte sie und andere Märchen bei den Beduinen gehört. Wäre der Erzähler aber ein echter Beduine gewesen, so hätte er das Zelt seines Häuptlings nicht mit Flöhen bevölkert. An den Flöhen erkennt man den Bauern; in der Wüste gibt es diese Tiere nicht.

✣ ✣

✣

WUNDERFLÖHE IM ALTEN ORIENT

Im Alexander-Roman, in dem die Taten und Fahrten des großen Welteroberers in märchenhafter Weise ausgeschmückt sind, wird berichtet, wie Alexander der Große in einem Briefe an seine Mutter und an Aristoteles von seltsamen Flöhen erzählt. Diese hat er bei einem wilden Volke im fernen Osten gesehen, nachdem er den Perserkönig besiegt hat und auf seinem Eroberungszuge immer weiter gekommen ist. Im griechischen Roman heißt es dort:

Am folgenden Tage wollte ich zu ihren Höhlen gehen, und da fanden wir bei den Eingängen löwenähnliche Tiere angebunden, die waren dreiäugig. Wir sahen dort aber auch Flöhe springen, die waren so groß wie bei uns die Frösche.

In der armenischen Übersetzung lautet dieselbe Stelle:

Am folgenden Tage kamen wir zu ihren Höhlen, und da fanden wir bei den Eingängen große Tiere angebunden, ähnlich den Hunden, die bei uns Dandaker heißen; die waren vier Ellen lang, dreiäugig und gefleckt. Wir sahen dort aber auch Flöhe, so groß wie bei uns die Schildkröten, ein erdfarbenes, unruhiges Volk.

Alexander wird noch bei weitem übertroffen von dem geistreichen Spötter Lukian, der aus Syrien stammte, doch in griechischer Sprache schrieb; dieser Mann würde heute einen sehr geschickten Journalisten abgeben und als Reiseschriftsteller durch seine Einbildungskraft sogar einen Karl May in den Schatten stellen. In seiner »Wahren Geschichte«, von der er jedoch selbst sagt, daß sie erlogen sei, erzählt er, wie er an einem Kampfe der Mondbewohner gegen die Sonnenbewohner teilnahm. Den Mondbewohnern kamen damals vom Großen Bären dreißigtausend Psyllotoxoten, zu deutsch Floh-Bogenschützen, und fünfzigtausend Anemodromen, zu deutsch Windrenner, zu Hilfe. Von den ersteren sagt er:

Die Psyllotoxoten sind auf Flöhen beritten, wovon sie auch ihren Namen haben; von diesen Flöhen hat ein jeder die Größe von zwölf Elefanten.

+ + +

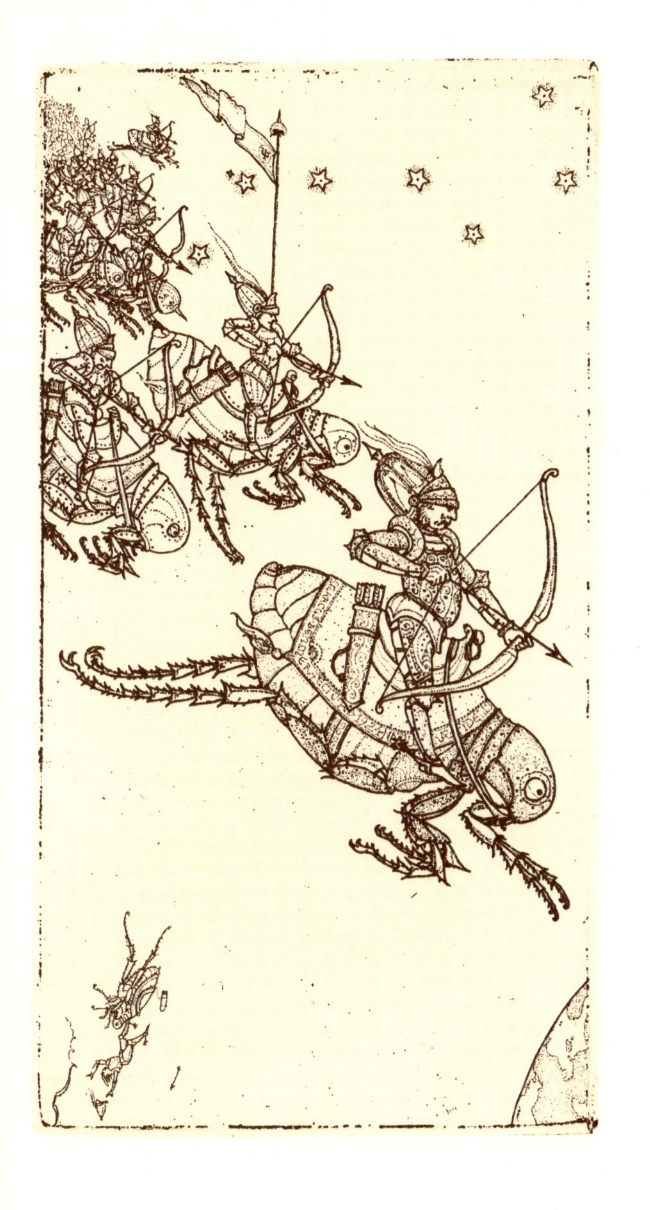

SPRICHWÖRTER UND RÄTSEL

AUS DEM HEBRÄISCHEN

Wem nach ist der König von Israel ausgezogen? Wem jagst du nach? Einem toten Hunde, einem einzelnen Floh?

✢

ARABISCHE SPRICHWÖRTER

Nach der Häufigkeit seines Vorkommens in Ländern arabischer Zunge sollte man meinen, daß der Floh in arabischen Sprichwörtern viel öfter erwähnt würde, als es in Wirklichkeit der Fall ist. Unter mehreren Tausenden solcher Sprichwörter, in denen viele andere Tiere immer wieder begegnen, sind es nur die folgenden, die sich mit dem »Herrn von Hüpfenstich« befassen:

Er springt schneller als ein Floh.
Er ist behender als ein Floh.

Aus dem heutigen Syrien stammt das Wort:

Er ist gerissener als ein Floh im Ohre.

Oder:

Er ist anhänglicher als ein Floh im Ohre.

In el-Kantara, einem kleinen Orte am Suez-Kanal, sollen die Flöhe besonders verhungert und frech sein, weil die Gegend dort öde und ärmlich ist. Da el-Kantara auch an der Karawanenstraße nach Syrien liegt, werden manche Reisende beim Übernachten die Flöhe dort kennengelernt und dann den Ruhm des Dorfes verkündet haben. Daher sagt man von Leuten, die nichts besitzen und doch groß tun, heute in Ägypten:

Den Flöhen von el-Kantara gleich:
Nackt und doch an Frechheit reich.

In Mesopotamien wird von unangenehmen Menschen und Dingen, die man nicht abschütteln kann, gesagt:

Ein Floh – er treibt sein Wesen im Barte!

In Jerusalem heißt es von einem Menschen, der sich mit törichten Dingen befaßt:

Er kastriert Flöhe.

ABESSINIEN

ist ebenso reich an Flöhen und ebenso arm an Sprichwörtern über den Floh wie die arabisch sprechenden Länder. Man redet dort gern von der »umgekehrten Welt« und erläutert sie durch Beispiele aus dem Tierleben, wie wenn der Bock zum Gärtner oder der Wolf zum Schafhirten gemacht wird. So heißt es im Sprichworte:

Wehe, der Floh ist krank geworden; wehe, die Laus ward geschröpft.

✣ ✣ ✣

ARABISCHE RÄTSEL

Aus Jerusalem

Ein Vogel flog daher
Wohl über das Meer.
Federn sind ihm nicht gegeben,
Wie kann er da leben?[1]

Im Hause sind Enten und Springer und Musikanten.
Wer sind die Genannten?[2]

Aus Mesopotamien

Schwarz, ja schwarz wie Pech von Gestalt,
Springt wie ein wilder Eber im Wald.[1]

✣ ✣ ✣

ARABISCHER SPOTTVERS AUF DIE EINWOHNER VON TIBERIAS

Zwei Monate tanzen sie, zwei Monate schlucken sie, zwei Monate kämpfen sie, zwei Monate sind sie nackt, zwei Monate flöten sie, und zwei Monate waten sie.[3]

✣ ✣ ✣

[1] Antwort: Der Floh. — [2] Antwort: Wanzen, Flöhe und Moskitos. — [3] Das heißt, sie tanzen wegen der vielen Flöhe, sie kauen die Lotusfrüchte, sie vertreiben die Fliegen von Fleisch und Früchten mit Fliegenwedeln, sie sind nackt wegen der großen Hitze, sie saugen am Zuckerrohr, und sie waten im Schmutze.

GLAUBE UND ABERGLAUBE

AUS EINEM ALTÄGYPTISCHEN SONNENHYMNUS

Du bist der Einzige, der das Existierende hervorbrachte, der einzigste Eine, der das Seiende schuf; ..... der dem Küken im Ei den Atem gibt und den Sohn der Schlange belebt; der hervorbringt, wovon die Mücken leben und die Würmer und die Flöhe ebenso; der den Lebensunterhalt der Mäuse in ihren Löchern hervorbringt und die Vögel in jedem Baume belebt.

+ + +

DER FLOH UND DIE MUSLIMISCHEN SATZUNGEN

Aus dem »Leben der Tiere« von Kamâl ed-Dîn ed-Damîrî, einem Cairiner Gelehrten aus dem 14. Jahrhundert

Dem Floh Speise zu versagen und ihn töten zu wollen, gehört zugleich zu den erlaubten und unerlaubten Dingen.[1] Er darf aber nicht verflucht werden, denn der Imâm Ahmed und el-Bazzâr und el-Buchârí, im Kapitel über die feine Sitte, und et-Tabarâní, im Kapitel über die Verwünschungen, haben nach dem Bericht von Anas – Allah der Erhabene habe ihn selig! – überliefert, daß der Prophet Allahs – Er segne ihn und gebe ihm Heil! – einmal hörte, wie ein Mann einen Floh verfluchte. Da sagte er: »Verfluche ihn nicht; denn er hat einen Propheten zum Frühgebet aufgeweckt!« Und in dem Buche el-Mu'dscham von et-Tabarâní heißt es von Anas – Allah der Erhabene habe ihn selig! –, daß er gesagt hat: »Ich erwähnte einmal die Flöhe in Gegenwart des Propheten Allahs – Er segne ihn und gebe ihm Heil!

[1] Denn sonst ist das Speisen der Hungrigen geboten und das Töten verboten.

Da sprach er: ‚Sie erwecken zum Frühgebet!'« Und in demselben Buche heißt es von 'Alî – Allah der Erhabene habe ihn selig! –, daß er erzählte: »Wir übernachteten einmal an einer Stätte; da waren uns die Flöhe die Rufer zum Frühgebet. Wir verfluchten sie, aber der Prophet Allahs – Er segne ihn und gebe ihm Heil! – sprach: ‚Verfluchet sie nicht, sie sind treffliche Tiere, denn sie haben euch aufgeweckt, damit ihr Allah den Erhabenen preiset.'«

Ein weniges von ihrem Blute auf Kleid und Leib wird nicht als rituell unrein gerechnet, da dies eine so allgemeine Heimsuchung ist und man sich schwer davor hüten kann. Abu 'Omar ibn 'Abd el-Barr sagt: »Alle Gelehrten stimmen darin überein, daß man das Blut der Flöhe, soweit man nicht stark dadurch entstellt wird, übersehen darf und nicht als unrein zu rechnen braucht. Unsere Gewährsmänner geben an, es herrsche kein Widerspruch dagegen, daß ein weniges von dem Flohblute nicht als unrein gerechnet zu werden brauche, es sei denn, daß es durch das Tun des Menschen entstanden sei, wie zum Beispiel, wenn einer den Floh in seinem Gewande oder auf seinem Leibe getötet hat!« Aber es gibt zwei Ansichten darüber, ob man das Blut des getöteten Flohs als unrein rechnen soll; die richtigere von den beiden ist jedenfalls die, daß man auch dies nicht als unrein rechnet, wie bei allen Tieren, die keine zur Rechenschaft ziehende Seele haben, zum Beispiel Wanzen, Moskitos und dergleichen. Einst wurde der Scheich el-Islâm 'Izz ed-Dîn ibn 'Abd es-Salâm über ein Kleid, in dem sich Flohblut befindet, befragt, und zwar, ob es dem Menschen erlaubt sei, ein solches Kleid mit dem frischen Blut anzulegen und dann darin zu beten, ferner ob er auch, wenn er darin geschwitzt habe, darin beten dürfe, und ob sein Leib dadurch unrein würde oder ob man es nicht zu rechnen brauche, schließlich ob es für ihn dann eine empfehlenswerte Handlung sei, vor der gewohnten Zeit die religiöse Waschung vorzunehmen. Jener erwiderte: »Ja, Kleid und Leib werden dadurch unrein, aber es gibt kein Gebot, die religiöse Waschung außer zu den gewohnten Zeiten vorzunehmen. Wenn jemand diese Waschung außerhalb der Zeit vornimmt, so ist das eine Gewissenhaftigkeit, die über das hinausgeht, was die Alten übten, und die waren doch am eifrigsten darin, ihre Glaubensgebote zu achten.« Was nun eine größere Menge von Flohblut angeht, so ist nach Ansicht der zuverlässigen Gewährsmänner das richtigste das, was en-Nawawí darüber lehrt, nämlich, daß man es ohne Einschränkung als nicht verunreinigend ansehen dürfe, gleichviel, ob es sich mit Schweiß vermischt habe oder nicht.

Einst wurde Mâlik – Allah erbarme sich seiner! – über die Flöhe befragt, ob der Todesengel ihre Lebensgeister hinwegnehme. Da senkte er sein Haupt eine Weile; dann fragte er: »Haben sie denn eine Seele, die zur Verantwortung zieht?« Man antwortete: »Ja!« Da sagte er: »Der Todesengel nimmt ihre Lebensgeister hinweg.« Dann rezitierte er das Wort Allahs des Erhabenen aus der 39. Sure, Vers 43: »Allah nimmt die Seelen zu sich zur Zeit ihres Todes« – bis zum Ende des Verses.

⁘ ⁘

⁘

EINE CHRISTLICHE WANZEN-BESCHWÖRUNG

Aus den Johannes-Akten

In den apokryphen Akten über die Taten des Apostels Johannes wird ein sonderbares Erlebnis erzählt, das ihm in Kleinasien auf der Reise nach Ephesus begegnete. Dies Erlebnis darf hier, wo die Rede vom Ungeziefer in der theologischen Literatur ist, nicht fehlen.

Als wir nun am ersten Tage in einer einsamen Herberge einkehrten und wegen eines Bettes für Johannes in Verlegenheit waren, erlebten wir einen Scherz. Es lag dort irgendwo eine Bettstelle ohne Decken; auf diese breiteten wir die Mäntel, die wir mit uns brachten, aus und baten ihn, sich dort niederzulegen und auszuruhen, während wir übrigen alle auf dem Boden schliefen. Als er sich dann hingelegt hatte, wurde er von sehr vielen Wanzen belästigt. Wie sie ihm aber allmählich immer lästiger wurden und es schon Mitternacht geworden war, redete er, während wir alle zuhörten, sie an: »Euch sage ich, ihr Wanzen, seid klug alle zusammen und verlaßt für diese Nacht eure Wohnung, verhaltet euch ruhig an einer Stätte, die fern von den Knechten Gottes ist!« Und während wir lachten und weiterredeten, schlief Johannes ein. Wir aber unterhielten uns leise und blieben dank ihm unbelästigt. Als es darüber schon Tag wurde, stehe ich zuerst auf – so erzählt der Gewährsmann – und mit mir Veros und Andronikos. Da sehen wir an der Tür des Zimmers, das wir genommen hatten, eine Menge von Wanzen stehen. Als wir dann hinausgetreten waren, um ihren vollen Anblick zu genießen, und alle Brüder ihretwegen schon wach waren, schlief Johannes noch. Nachdem er aber ausgeschlafen hatte, richtete er sich im Bette auf, erblickte sie und sprach: »Da ihr klug waret und euch vor meiner Strafe in acht genommen habt, so kommt in eure Wohnstätte!« Und sobald er nach diesen Worten vom Lager aufgestanden war, eilten die Wanzen im Laufe von der Tür zum Bette, stiegen zwischen seinen Füßen in die Fugen hinauf und verschwanden. Da sprach Johannes: »Dies Tier hörte eines Menschen Stimme und blieb ruhig für sich, ohne das Gebot zu übertreten. Wir aber hören Gottes Stimme, und doch übertreten wir seine Gebote in unserem Leichtsinn.«

+

DER WANZENZAUBER VON ANTIOCHIEN

Bericht des Arabers el-Mas'ûdi

Wenn früher in der Stadt Antiochien jemand seine Hand über die Mauer hinausstreckte, so pflegten die Wanzen daraufzufallen. Zog er sie dann aber wieder herein, so blieb nichts mehr davon auf seiner Hand. Doch schließlich wurde einmal eine Marmorsäule irgendwo dort zerbrochen, und da fand man oben auf ihr eine kupferne Büchse und in ihr das Abbild einer Wanze aus Kupfer, so groß wie eine Hand. Kurz darauf oder zur selben Zeit kamen die Wanzen wieder, und jetzt zu unserer Zeit wimmeln die Häuser dort davon.

BESCHWÖRUNGSFORMELN UND ZAUBERMITTEL

Aus dem »Leben der Tiere« von ed-Damîrî

Ein erprobtes, sicheres Mittel gegen die Flöhe ist dies: Nimm ein persisches Rohr[1], bestreiche es mit Milch von einer Eselin und mit Ziegenfett und stelle es mitten im Hause auf; dann sprich fünfundzwanzigmal:

»Ich beschwöre euch, ihr Flöhe!
Ihr seid eine Schar von den Heerscharen Allahs aus grauer Vergangenheit,
Aus der Aditen und Thamudener Zeit.
Ich beschwöre euch bei dem Schöpfer alles dessen, was existiert,
Bei dem Einigen, Ewigen, dem Anbetung gebührt:
Kommt in raschem Lauf
Bei diesem Rohre zuhauf!
Euch sind von mir bindende Versprechen gegeben:
Ich nehme keinem Erzeuger, keinem Erzeugten unter euch das Leben!«

Dann kommen sie zuhauf, und wenn sie sich an dem Rohre versammelt haben, so nimm es und wirf es an einen anderen Ort, töte aber keinen von ihnen; sonst wird der Zauber zunichte. Darauf fege das Haus und sprich über ihm vierzigmal den Spruch aus dem Koran, Sure 14, Vers 15: »Und warum sollten wir nicht auf Allah vertrauen, der uns doch auf unseren Wegen geleitet hat? Und wahrlich, wir wollen ertragen, was ihr uns an Leid zufügt. Und auf Allah sollen alle vertrauen, die Vertrauen suchen!« Wenn das geschehen ist, so kommt nie mehr ein Floh in das Haus. Und dies ist ein treffliches, erprobtes Mittel.

[1] Arundo donax.

Ibn Abi ed-Dunja erzählt in seinem Buche über das Gottvertrauen, daß einmal der Statthalter von Nordwestafrika an 'Omar ibn 'Abd el-'Azîz – Allah habe ihn selig! – schrieb und sich dabei über die Kriechtiere und Insekten und Skorpione beklagte. Da antwortete dieser ihm: »Warum sagt denn nicht einer von euch am Abend und am Morgen: Und warum sollten wir nicht auf Allah vertrauen, der uns doch auf unseren Wegen geleitet hat? Und wahrlich, wir wollen ertragen, was ihr uns an Leid zufügt. Und auf Allah sollen alle vertrauen, die Vertrauen suchen!« –
In dem Buche über die Verwünschungen von el-Mustaghfiri steht nach Abu ed-Dardâ – Allah der Erhabene habe ihn selig! – und nach dem Kommentare zu den Makamen von el-Mas'ûdi, daß der Prophet – Allah segne ihn und gebe ihm Heil! – einmal sagte: »Wenn ein Floh dich peinigt, so nimm einen Becher Wassers und rezitiere darüber den Vers ,Und warum sollten wir nicht auf Allah vertrauen' bis zu Ende; dann sprich: ,Wenn ihr Gläubige seid, so hört auf, uns zu plagen und zu quälen!' Dann sprenge das Wasser um dein Bett, und du wirst nunmehr ruhig schlafen, ohne von ihnen geplagt zu werden.«
Husain ibn Ishâk sagt: »Das beste Mittel, um die Flöhe zu vertreiben, ist dies: Nimm etwas Schwefel und Rhabarber und räuchere damit im Hause; dann werden sie fliehen oder sterben. Oder grabe ein Loch in der Wohnung und wirf Lorbeerblätter hinein, dann werden sie alle dorthin eilen und hineinfallen.«
Er-Râzi sagt: »Das Haus werde besprengt mit einem Absud von Koriandersamen; der tötet die Flöhe darin.«
Andere wiederum sagen: »Wenn Raute in Wasser

aufgelöst wird und dies dann im Hause gesprengt wird, dann sterben die Flöhe darin. Und wenn das Haus mit Abfall von altem Flachs und mit Orangenschalen geräuchert wird, so kehren die Flöhe nie mehr dorthin zurück. Und wenn ein Floh in das rechte Ohr eines Mannes eingedrungen ist, so ergreife er mit seiner rechten Hand sein linkes Testikel; wenn aber der Floh in sein linkes Ohr eingedrungen ist, so ergreife er mit seiner linken Hand sein rechtes Testikel. Dann wird der Floh bald hinaushüpfen.«

+

Die Traumdeutung

Flöhe im Traume bedeuten schwache, stechende Feinde; sie werden aber auch auf gemeines Gesindel gedeutet. Dschâmâsp[1] sagt: »Wen ein Floh im Traume beißt, der findet Geld.«

+

Aus einem altägyptischen Papyrus

Hier beginnen die Heilmittel, die gemacht werden, um die Flöhe im Hause zu vertreiben: besprenge es mit Natronwasser, bis sie weichen. Ein anderes Heilmittel: Bebet-Kraut in Ruß zerreiben, das Haus damit tüchtig bestreichen, bis sie weichen.

Man sieht, in den etwa drei Jahrtausenden von der 18. Dynastie bis zu ed-Damîrî hat sich das Verhältnis von Mensch zu Floh in Ägypten nicht wesentlich geändert. Aber auch im Weltkriege haben die deutschen Soldaten in polnisch-russischen Blockhäusern sich nur durch dauernde Befeuchtung des Bodens und durch Sprengen mit einer scharfen Lauge vor den Quälgeistern retten können.

+

[1] Dschâmâsp war ein persischer Astrologe des Mittelalters.

Aus einer syrischen Handschrift

Über die Flöhe. Du kannst die Flöhe vernichten, wenn du stündlich den Saft der Olive auf den Boden sprengst, zehn Mathkâl[1] wilden Kümmel zerreibst, in Wasser tust und damit im Hause sprengst; so bewirkst du, daß sie zergehen. Wenn du aber nur wünschest, daß sie dich nicht quälen, sondern sich an einem einzigen Orte versammeln, so mache eine Grube, zerreibe Rosenlorbeer und wirf ihn in die Grube; dann werden sie alle sich dort versammeln.

+ + +

EINE VERORDNUNG DES KÖNIGS ZAR'A-JACOB

Aus dem abessinischen »Buch des Lichts«

Während in Ägypten bei den Arabern und bei den meisten anderen Völkern Zaubermittel erfunden und angewandt werden, um die Flöhe zu vertreiben, hat man sich in Abessinien ihrer bedient, um durch sie zu zaubern. Im »Buche des Lichts«, das König Zar'a-Jacob im 15. Jahrhundert n. Chr. verfaßte oder verfassen ließ, um dem krassen Aberglauben seines Volkes zu steuern, heißt es:

Und wiederum opfern sie auf den Bergen und Hügeln Satansopfer. Andere genießen miteinander Hundeblut, Eselsmilch, Wanzen, Flöhe, Hyänen, und viele ähnliche und noch größere Gottlosigkeiten kommen vor, wie in dem »Buche von der Beschwörung« geschrieben ist...

Wer eine von diesen Gottlosigkeiten begeht, dessen Haus werde geplündert, er werde an seiner Person gestraft, und seine Habe und sein Erbgrundstück werden anderen zuteil!

+ + +

[1] Das ist wahrscheinlich etwa fünfzig Gramm.

SPRACH- UND NATUR-WISSENSCHAFT

»ES FRASSEN MICH DIE FLÖHE«

Dieser Satz ist in den arabischen Grammatiken als ein Mustersatz für eine syntaktische Erscheinung sehr beliebt. Subjekt und Prädikat müssen im Arabischen, wenn das Subjekt voransteht, meist in Geschlecht und Zahl übereinstimmen. Nun ist aber bekannt, daß im Jüdisch-Deutschen häufig das Verbum an den Anfang des Satzes gestellt wird, wie etwa »Ist gekommen ein Mann, hat er gesagt zu mir«; da schimmert der semitische Sprachgeist hindurch. Ebenso steht im Arabischen bei Hauptsätzen das Verbum meist vor dem Substantivum; aber dann brauchen die beiden Satzteile nicht mehr nach Geschlecht und Zahl übereinzustimmen. Man sagt auf arabisch lieber: »Es kam die Männer« als: »Es kamen die Männer«. Dafür, daß letzteres aber auch erlaubt sei, hat ein humorvoller Grammatiker das Beispiel gebildet: »Es fraßen mich die Flöhe«; und viele andere haben es ihm nachgeschrieben. So müßte auch im Deutschen stets gesagt werden; aber Clemens Brentano schrieb in seinem hübschen Märchen von dem Baron von Hüpfenstich: »Und so wuchs die Prinzessin und der Floh heran, ohne sich persönlich zu kennen.«

\+ \+ \+

DER FLOH NACH ED-DAMÎRI

Aus seinem Werk »Das Leben der Tiere«

Burghûth (d. i. Floh), mit einem th am Ende, Singular von Barâghîth (d. i. Flöhe); die Aussprache mit einem u nach dem B ist verbreiteter als die mit einem i. Der Ausspruch »Es fraßen mich die Flöhe« ist eine mundartliche Redeweise beim Stamme der Taiji. Und das ist eine feststehende Redeweise; man beruft sich dabei auf den Ausspruch Allahs des Erhabenen im Koran, Sure 21, Vers 3: »Und es berieten heimlich die, so frevelten« –

denn so ist der Satz nach der einen Auffassung zu verstehen –, ferner auf den Ausspruch des Allmächtigen und Glorreichen im Koran, Sure 54, Vers 7: »Indem gesenkt sind ihre Blicke...«, ebenso auch: »Abwechseln werden mit euch Engel«, und den Ausspruch des Propheten nach dem Überlieferungswerke des Muslim und nach anderen: »Bis daß rot wurden seine beiden Augen«. Viele ähnliche Ausdrücke sind bekannt. Sibawaih aber sagt: »Die Redeweise ‚Es fraßen mich die Flöhe' kann nicht durch den Koran gerechtfertigt werden; denn das in den Worten ‚Und es berieten heimlich' enthaltene Pronomen ‚sie' ist das Subjekt, und ‚die, so' ist eine Apposition, daher heißt es: ‚Und sie berieten heimlich, sie, die frevelten'.«

Der Familienname des Flohs ist Abu Tâfir (der Vater des Springers) oder Abu 'Adîj (der Vater des Sturmtrupps) oder Abu el-Waththâb (der Vater des Stürmers), oder man nennt ihn auch Tâmir ibn Tâmir (Hüpfer, Sohn des Hüpfers). Er gehört zu den Tieren, die hoch springen können. Und es ist eine Gnade Allahs des Erhabenen für ihn, daß er rückwärts springen kann, damit er den sieht, der ihn fangen will; denn wenn er nur vorwärts spränge, so würde jener ihm rascher das Verderben bringen. El-Dschâhiz erzählt, indem er sich auf Jahja el-Barmeki stützt: Der Floh gehört zu den Tieren, die

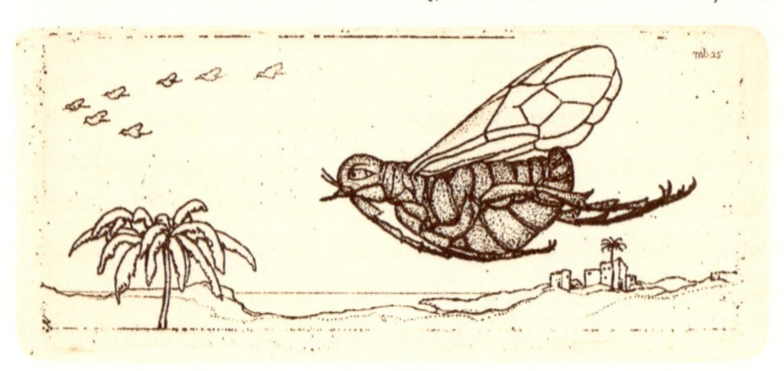

gelegentlich auch fliegen, ebenso wie die Ameisen. Er braucht lange Zeit zum Paaren, er legt Eier, und er wird ausgebrütet, nachdem er gezeugt ist. Er entsteht jedoch zuerst aus dem Staube, besonders an dunklen Stellen, und er herrscht in den letzten Monaten der Winterszeit und den ersten Monaten der Frühjahrszeit. Er ist buckelig und immer zum Angriff bereit. Es heißt, daß er an Gestalt einem Elefanten gleiche, da er Zähne hat, mit denen er beißt, und einen Rüssel, mit dem er saugt.

+ + +

DER FLOH NACH EL-KAZWÎNI

Der gelehrte Kadi Zakarîja el-Kazwîni lebte im 13. Jahrhundert; seinen Beinamen erhielt er nach seiner Vaterstadt Kazwîn in Nordwestpersien. Im ersten Teile seiner großen Kosmographie, der den Titel trägt »Die Wunder der Schöpfung«, sagt er:

FLOH. Er ist schwarz, buckelig und immer zum Angriff bereit. Wenn der Blick des Menschen auf ihn fällt, so merkt er es, und dann springt er bald von rechts nach links, bald von links nach rechts, um sich dem Blicke des Menschen zu entziehen. Nach el-Dschâhiz hat der Floh die Gestalt eines Elefanten, legt Eier und wird ausgebrütet. Nach einer Überlieferung, die über Sufjân eth-Thauri – Allah erbarme sich seiner! – auf den Prophetengenossen Anas ibn Mâlik – Allah habe ihn selig! – zurückgeht, hat der Prophet gesagt: »Das Leben des Flohs beträgt fünf Tage« – nach anderen auch: »acht Tage«. Und Jahja ibn Châlid soll gesagt haben: »Der Floh gehört zu den Tieren, die gelegentlich auch fliegen, und er verpuppt sich in eine Wanze, wie ja auch die Raupen zu fliegen beginnen und zu Schmetterlingen werden.« Man sagt auch, daß der Floh die Kleiderläuse frißt und von dem Geruche des Rosenlorbeers stirbt.

+ + +

ZUR NAMENS-
KUNDE DES
FLOHS

DIE EINZELNEN NAMEN

Altägyptisch: pj, wohl pêj zu sprechen. – Koptisch: pêi, pennê. – Assyrisch: parschu'u. – Hebräisch: par'ôsch. – Syrisch: purta'nâ. – Arabisch: barghûth (burghûth). – Altäthiopisch: qwunß. – Amharisch: qwunittscha. – Tigrinisch: qwuntschi oder qwonßi. – Tigrisch: qaßß.

Allen diesen Namen, mit Ausnahme von pennê, das noch nicht erklärt ist, liegt die Bedeutung »springen, hüpfen« zugrunde, wie ja auch im Deutschen das Wort Floh zu »fliehen« gehört, das ursprünglich »plötzlich aufspringen« bedeutet. Die Wörter im Assyrischen, Hebräischen, Syrischen und Arabischen gehören zu einer Wurzel (par'aßa), die sich aber nur im Äthiopischen erhalten hat; dort heißt anfar'aßa: »er sprang«. Ein anderes äthiopisches Wort ist qanaßa: »er sprang auf«; und von dieser Wurzel sind die Wörter für »Floh« in den semitisch-abessinischen Sprachen abgeleitet. Auch in den hamitisch-abessinischen Sprachen hat der Floh Namen, die fast alle »Springer« bedeuten. Bezeichnend ist ein Somali-Wort für den Floh, das wörtlich zu übersetzen ist »die Springlaus«. Auch die »Familiennamen« oder »Beinamen« des Flohs, die nach ed-Damîri oben auf S. 46 angeführt sind, haben alle die gleiche Bedeutung.

\+ \+ \+

DER FLOH IM NAMEN

Der Floh ist ein kleines, unangenehmes Tier; sein Name ist im Morgenlande öfters auf Menschen übertragen, wahrscheinlich um ihrer kleinen Gestalt willen, manchmal aber, um sie zu verspotten. Heutzutage nennt man in Ägypten einen kleinen Knaben barghûth, und so ist das Wort wohl von jeher von den meisten Arabern ausgesprochen, während pedantische arabische Grammatiker stets die Aussprache burghûth vorgeschrieben haben. Davon ist das Wort burgûd abgeleitet, das bei den Assaorta in Nordabessinien einen noch nicht völlig erwachsenen Jüngling bezeichnet. Zu barghûth ist in Ägypten das Femininum barghûtha gebildet, und damit wird ein kleines Mädchen bezeichnet. Im Altgriechischen war der Floh sowohl männlich wie weiblich; in einigen Mundarten sagte man psyllos, in anderen psylla. Im Hochdeutschen kennt man zwar nur den Floh, aber im Niederdeutschen auch die Floh, und ebenso ist im Holländischen de vloo weiblich. Als Eigenname wird »Floh« bei den Semiten nur männlich gebraucht.

Da gab es zunächst bei den Babyloniern und Assyrern Leute, die Parschu'u hießen. Das vornehmste jüdische Geschlecht in nachexilischer Zeit waren die »Floh-Söhne« (Benê Par'ôsch), die in den Büchern Esra und Nehemia verschiedentlich genannt sind. Sie werden ihren Ursprung auf einen Stammvater des Namens Par'ôsch zurückgeführt haben; der wird auch wirklich existiert haben, denn gerade dieser Name wäre schwerlich erfunden. Wir können aber nicht mehr wissen, ob er seinen Namen erhalten hat, weil er klein war, oder weil man ihn verspotten wollte, oder aber weil seine Eltern selbst ihn so nannten, damit er seinen Feinden so unangenehm werde wie der Floh den Menschen. Es scheint, daß der Name auch bei den späteren Juden in Ägypten noch bekannt war und gebraucht wurde, denn in griechisch-koptischen Urkunden kommt der Name Parosch vor.

Bei den Arabern war »Floh« schon früh als Personenname in Gebrauch. Eine der sinaitischen Inschriften, die von Pilgern und Reisenden meist arabischer Herkunft mit aramäischen Buchstaben in die Felswände der Sinai-Halbinsel eingekritzelt wurden, lautet wahrscheinlich: »Heil! Barghuthu, Sohn des Hantalu«. Das wäre zu deutsch: »Floh, Sohn der Koloquinte«. Vater und Sohn waren echte Araber; der Vater sollte seinen Feinden bitter werden wie eine Koloquinte, der Sohn lästig wie ein Floh. Während in der klassischen Literatur der Araber Leute namens »Floh« nur ganz selten genannt sind, kommen sie in neuester Zeit wieder mehrfach vor. Da wird Berghûth aus Syrien und Arabien berichtet, Breighîth (Flöhchen) aus Arabien, Berghûti (Flohmann) aus Algerien und sogar ein »Heiliger Floh« (Scheich Barghûth) von der afrikanischen Küste des Roten Meeres. Dort, wo sich das Grab dieses Heiligen befindet oder befand, ist die neue englische Hafenstadt Port Sudan erbaut; früher nannte man die Stätte Mirsa Scheich Barghûth, »Hafen des heiligen Flohs«. Der große Afrikareisende Georg Schweinfurth war dort im Jahre 1864 und schrieb in sein Tagebuch: »Weiterhin gewahrt man dort das gemauerte Grab des Heiligen Scheich Barghuth, das auf der von Norden her vorgeschobenen schmalen Landzunge, die den ausgezeichneten, geräumigen und tief ins Land nach Nordwest eingeschnittenen Hafen gleichen Namens bildet, auf einem Korallenfelsen erbaut ist.«

Als Eigenname wurde Psyllos bei den Griechen und Pulex bei den Römern gelegentlich gebraucht. Nach griechisch-römischer Überlieferung gab es einen Volksstamm in Libyen, der Psylloi, d. h. »die Flöhe«, genannt wurde. Das Grab ihres Stammesherren, des »Königs Floh« (Psyllos), also eines antiken Scheich

Barghûth, soll in ihrem Lande vorhanden gewesen sein. Sie waren Schlangenzauberer, wie es heute noch manche unter dem fahrenden Volke Ägyptens gibt, und waren gegen den Schlangenbiß gefeit, so daß sie sogar, wenn sie glaubten, ein Kind sei untergeschoben, die Probe darauf hin machten, ob die Schlangen das Kind bissen oder nicht. Sie sollen gegen den Südwind zu Felde gezogen sein, wie noch in neuester Zeit ein abessinischer General gegen die Pest zu Felde zog und die Kanonen gegen sein eigenes Heer richtete, um den Pestdämon zu vertreiben; aber als sie in die Wüste kamen, verschüttete der Südwind sie. Doch es ist fraglich, ob der Name dieses Volkes wirklich »Flöhe« bedeutete. Das wäre nur möglich, wenn Herodot, der zuerst von den Psylloi berichtet, von seinem Dolmetscher erfahren hätte, daß der einheimische

Name des Volkes dieselbe Bedeutung habe wie das griechische Wort psylloi, und das wäre ja angesichts der vielen morgenländischen Flohnamen nicht undenkbar. Sonst muß jenes libysche Volk einen eigenen Namen gehabt haben, der nur äußerlich an das griechische psylloi anklang.

Wenn von Flöhen in Ortsnamen die Rede ist, denkt der Deutsche alsbald an Flöha in Sachsen und Flöhau in Böhmen und an die Scherze, die an diese Namen anknüpfen. Doch auch bei den Morgenländern gibt es ein berühmtes »Flohdorf«; das ist ein Ort im nördlichen Abessinien, in der italienischen Colonia Eritrea, der auf den Karten als Addi Contsi erscheint. Es ist der Stammesort eines berühmten einheimischen Geschlechtes, wie ja auch die »Flohsöhne« im alten Juda hohes Ansehen genossen. Aber die Einwohner von Addi Contsi haben wegen des Ortsnamens doch unter dem Spotte ihrer Nachbarn zu leiden. Darum haben sie eine andere Erklärung für den Namen; sie sagen, 'Addi Qhwonßi sei aus 'Addi 'Ali Qhenßûb (oder Qhenßûw) zusammengezogen – das bedeutet »Dorf des kleinen (mageren) 'Alî« – und dieser »kleine 'Alî« sei der Vorfahr eines mohammedanischen Geschlechtes gewesen, das früher in Addi Contsi gewohnt habe. Freilich steht auch in dem Wörterbuche der Tigrinja-Sprache unter dem Namen des Dorfes, es habe zweifellos seinen Namen wegen des Überfluses an Flöhen.

Bei den Griechen wird eine Festung Psylla im nördlichen Kleinasien genannt, bei den Arabern eine »Flohburg« an der Grenze zwischen Kleinasien und Nordsyrien. Näheres über diese Orte scheint nicht bekannt zu sein. Ebensowenig auch über den Ort Bitli, zu deutsch «Lauseort«, der östlich vom oberen Euphrat liegt.

FLOHERLEBNISSE VON ABENDLÄNDERN IM MORGENLANDE

Er reiste in vielen Ländern,
Er schlief in so manchem Haus;
Da hatte er drei Gefährten:
Den Floh, die Wanze, die Laus.

Allerlei Erlebnisse mit Flöhen, wie sie von Morgenländern selbst in Dichtung und in Prosa erzählt wurden, sind bereits in diesem Büchlein berichtet worden. Nun hat aber auch jeder europäische Reisende im Morgenlande seine eigenen Erfahrungen gesammelt, mag er sie zu Papier gebracht oder mündlich weitererzählt oder auch nur still für sich behalten haben. Wollte man auch nur alles das mitteilen, was in Reiseberichten, Abhandlungen und wissenschaftlichen Untersuchungen darüber gedruckt worden ist, so würde des Raumes nicht genug sein. Deshalb sei nur einiges wenige ausgewählt.
Zuvor sei bemerkt, daß die Araber die kleinen Hüpfer gern mit Reitersleuten, die kleinen Kriecher, Wanzen und Läuse, gern mit Fußsoldaten vergleichen und sie daher Kavallerie und Infanterie nennen. Wie die Beduinen, die echten Söhne der arabischen Wüste, über diese Tiere denken, geht aus folgenden gelegentlichen Bemerkungen hervor.

Der frühere preußische Konsul und Orientalist Wetzstein schreibt:

»Während der Nomade vor dem Floh, der in den Zeltlagern nicht gefunden wird, eine lächerliche Furcht hat, und dieser Furcht wegen nicht leicht in einem Bauernhause schläft, so findet er jenes andere den Kleidern anhaftende Ungeziefer nicht in so hohem Grade ekelhaft wie wir. Er kann sich bei seiner Lebensweise nicht frei davon halten, und in das Unvermeidliche fügt sich bekanntlich Jedermann. Man hat mir gesagt, dass dieses Ungeziefer der Grund ist, warum der Nomade ohne Kleider schläft. Ein aufmerksamer Wirth lässt daher den Mantel seines Gastes durch seine Leute reinigen. Unterzieht sich diesem Dienste die Tochter oder, wie hier, die Schwester des Wirths, so ist das allerdings ein Beweis besonderer Auszeichnung des Gastes.«
Auch Professor J.-J. Hess erwähnt in einer wissenschaftlichen Abhandlung, daß »die Beduinen einen weit größeren Horror vor den rastlosen Flöhen als den gemächlichen Läusen haben«.

AUS EUTINGS »TAGBÜCHERN«

31. August 1883. Bei mir war jedoch von Schlaf keine Rede; nicht sowohl das Abenteuer von heute hielt mich wach, sondern die kleinen Thiere, um derentwillen der Haurân und das Ledscha' von Kennern nur mit Schreck genannt werden – Flöhe und Wanzen – arbeiteten an mir mit nimmer rastendem Eifer. Muss diese Gränzgarnison das ganze Jahr solche Prüfung der Geduld aushalten? Entsetzlich!

✢

1. September 1883. Beim Wiederhinaustreten aus einem der dunklen Gemächer gewahrte ich, dass meine Kleider plötzlich ganz gesprenkelt, d. h. von einem Fliegen-, nein von einem Flohschwarm ganz übersät waren. In ihrem verhungerten Zustand hatten sich die Thiere mit Verzweiflung auf uns arme Opfer gestürzt, schienen aber durch die lange Hungercur wie betäubt und ziemlich kraftlos. Mit Lächeln waren Mahmûd Effendi und der Soldat bereit, mich einigermassen von der gröbsten Bescheerung zu säubern; sie selbst wurden durch diesen Angriff ebensowenig überrascht als beunruhigt.

✢

4. September 1883. Es dauerte aber ziemlich lang, bis man uns ein dürftiges Nachtessen, aus gekochtem Welschkorn bestehend, verabreichte. Die jammervolle Menge von Flöhen verkümmerte uns auch noch den kurzen Schlaf.

✢

13. September 1883. Hamûd... hoffte 4 Wochen in Damascus schwelgen zu können. Die einzige Wolke, welche etwa sein Glück trübte, war der Gedanke an die Flöhe

in Damascus. Ich tröstete ihn durch Verabfolgung von einem Quantum Insectenpulver, von dessen Wirkung er ungeahnte Wunder erleben würde.

✢

3.–7. Oktober 1883. Der Annehmlichkeiten einer Reise in der Wüste sind mancherlei: völlige Unabhängigkeit, Unnoth eines Geldbeutels, wunderbar reine Luft, Nachts erfrischende Kühle, gänzliche Abwesenheit von Fliegen, Schnacken, Flöhen, Wanzen. – Zu den Flöhen die Anmerkung: Der einzige Vertreter dieser Gattung, der als blinder Passagier in unsrem Gepäck die Reise schon von Damascus an mitgemacht hatte, wurde beim Öffnen eines Koffers am dritten Tage entdeckt, und mußte den Feuertod auf dem Nargîleh erleiden.

✢

6. März 1884. Eine kurze Rast benützte ich dazu, mich eines in 6 Monaten nicht erlebten Gastes (pulex irritans) zu entledigen, den ich aus dem halbcivilisirten Castell el-Akhdar mitgebracht hatte.

✢

5. April 1884. Die orientalische Halbcivilisation ist bekanntlich durch einen großen Flohsegen ausgezeichnet. Das erfuhr ich heute Nacht wieder, nachdem ich es beinahe vergessen hatte. An Schlaf war in meinem Zimmer nicht zu denken. Nach einer Stunde vergeblichen Ringens ließ ich mir mein Bett hart am Meere machen, aber ich nahm natürlich einen Theil der Einquartirung dorthin mit.

✢ ✢

✢

AUS MUSILS ETHNOLOGISCHEM REISEBERICHT

Die Königin der Flöhe soll den Sommer nur in el-Belka' (im Ostjordanland), den Winter aber in Damaskus zubringen; und wahrlich, nirgends habe ich so viele Flöhe gefunden wie in el-Belka' und besonders in Mâdaba. Im Zimmer, in dem ich wohnte, pflegte ich täglich von meinen Kleidern 100 bis 150 Stück in mein Waschgefäß abzustreifen. Bevor man sich daran gewöhnt, kann man nachts nicht schlafen, es scheint, als ob diese Reiter jeden Augenblick den ganzen Körper wie jedes einzelne Glied in eine neue Lage bringen müßten. Nach etlichen schlaflosen Nächten findet man sich auch mit dieser Plage ab. Bleibt man von 10–12 Uhr ruhig liegen, so daß sich alle Hungrigen sättigen können, so kann man dann einschlafen.

Wenn man das Kamel besteigt und die Wüste betritt, so verlieren sich bereits am ersten Tage fast alle Flöhe, um den Fußgängern, den Läusen, Platz zu machen. Diese sind weniger lästig, weil sie ihre Hauptarbeit nicht auf die ersten Stunden der Nacht verlegen, sondern fast den ganzen Tag ruhig arbeiten. Nur nach Sonnenaufgang gönnen sie sich ein Schläfchen. Darum wiederholt sich täglich um diese Zeit dasselbe Schauspiel: alle Kamelreiter verstummen, lesen am Nacken, an der Brust, an den Hüften ... was sie vorfinden und werfen es vom ruhigschreitenden Kamele in die öde Wüste hinab. Der Besitz dieser Tierchen gilt dem Bdúí (Beduinen) nicht für schimpflich. Oft näherte sich mir ein ernster stolzer Häuptling, um mich zu grüßen, und auf seiner Wange saßen zwei bis drei solche Tierchen, und eben diese Wange drückte er auf meine Wange, küßte mich und ich küßte ihn. Und beim Essen! Wie oft sieht man da allerlei und muß mitessen!

Wie jener Häuptling bei Musil gegen die Läuse unempfindlich war, so war es etwa 1500 Jahre früher der berühmte Säulenheilige Simeon. Er lebte bekanntlich dreißig Jahre lang auf einem etwa 20 Meter hohen Pfeiler. Aber vorher geschah mit ihm folgendes, wie der Patriarch Meletius von Antiochien selbst berichtet hat: Simeon ließ sich auf der Höhe, auf der später seine Säule stand, eine »Umzäunung« zum bleibenden Aufenthalt bauen. Hier fesselte er sein rechtes Bein mit einer eisernen Kette von 20 Ellen an einen großen Stein. Als er diese Kette endlich auf Bitten des Patriarchen Meletius abnahm, fanden sich in dem Lederstück, das zwischen dem Bein und der Kette lag, mehr als 20 dicke Wanzen, die er ruhig gewähren ließ, ohne nur den Finger gegen sie zu rühren. Dazu bemerkt Th. Nöldeke erstlich: »Ob die Bezeichnung der Thiere als Wanzen zoologisch richtig ist, mag dahingestellt bleiben; daß der Mann zur Ehre Gottes von Ungeziefer gestarrt hat, ist auch so gewiß« und zweitens: »Wo die Haut unempfindlich ist, da ist es auch Geist und Seele« (nach V. Hehn).

✢ ✢ ✢

AUS MADERS UNTERSUCHUNGEN ÜBER ALTCHRISTLICHE BASILIKEN IN SÜDJUDÄA

In die alten Ruinen hat sich eine stets unfreundliche Bande von Halbnomaden eingenistet, die ... in dem schmutzstarrenden Häuserrudel mit seinen halsbrecherischen Gassen und Winkeln ein träges und elendes Dasein fristet. Wer einmal gezwungen war, bei ihnen zu übernachten und mit Legionen von Insekten aller Art in Berührung zu kommen, der wird Jahr und Tag des großen Erlebnisses nicht mehr vergessen.

✢

Weiteres Umherkriechen in den schmutzstarrenden Ruinenhaufen war mir unmöglich, da ich von einer Legion ausgehungerter Flöhe förmlich überfallen wurde.

✢ ✢ ✢

EIGENE ERLEBNISSE

Aus dem Tagebuche vom 15. Mai 1900, wo die Reise am Ostrande des Haurân-Gebirges in Mittelsyrien beschrieben wird:

Wir ritten dann auf il-Haijât zu, wo wir bei einer außerhalb des Dorfes liegenden alleinstehenden Ruine Mittagsrast machen wollten ... Darauf aßen wir unser Mittagbrot auf der Erde gerade vor dem Eingang zu einem Stalle; denn als solcher diente das frühere Heiligtum jetzt. Alsbald versammelten sich Millionen von Flöhen um uns herum, krochen auf Teller und Essen, auf Arme, Beine und Nacken, und was mir ganz neu war: sie bissen mich entsetzlich. Ebenso erging es meinem einen amerikanischen Reisegefährten, der wie ich bisher noch nie unter diesen lieblichen Tieren gelitten hatte. Wir kamen beide rasch zu der Überzeugung, daß der Haurân-Floh eine ganz besondere Spezies sein müsse. Der andere Reisegefährte hatte sich sofort ausquartiert, ich folgte ihm dann, in ein Nebengebäude, wo auch Schatten vorhanden war.

✣

Aus dem Tagebuche vom 17. November 1904, wo die archäologische Arbeit in il-Kefr im West-Haurân beschrieben wird:

Dann kopierte ich ... eine vollständige, schöne griechische Inschrift ... unter schwierigen Umständen. Sie ist in einem völlig dunkelen, halb unterirdischen Stalle, der voller Dünger und Flöhe ist, über der Eingangstür nach innen zu eingemauert, etwa 2,50 Meter hoch. Man brachte mir zwei Steine, die übereinander gelegt wurden; ich stellte mich auf diesen ziemlich wackeligen Untergrund und nahm eine kleine Öllampe in die rechte Hand, die immer nur einige wenige Buchstaben zu gleicher Zeit beleuchtete. Zuerst leuchtete ich, dann schrieb ich, und wiederholte die Prozedur, bis ich fertig war.

✣ ✣ ✣

VERLIEHENE FLÖHE

Eines Tages – es mag im Herbst 1899 oder im Februar 1900 gewesen sein – ging ich mit einem christlichen Syrer durch die Straßen von Beirut. In einem der Basare, in denen die einheimischen Kaufleute wohnten, sahen wir, wie zwei Männer in den Tönen der höchsten Wut miteinander stritten, dabei flogen die Arme in die Luft, die weiten Kaftane bauschten sich auf und nieder, die Köpfe mit den Filzkappen bewegten sich erregt hin und her. Ich trat hinzu und hörte, wie der eine rief, nein – schrie: »Gib mir meine Flöhe wieder!« Begütigend trat ich hinzu und sagte zu dem Rufer: »Bruder, laß sie ihm doch!« Aber er rief: »Nein, ich habe dem Kerl da zwei Flöhe geliehen; die will ich wiederhaben.« Verwundert fuhr ich fort: »Sei doch froh, daß er sie dir abgenommen hat!« Dennoch schrie der Mann immer weiter: »Ich will meine Flöhe wiederhaben, ich will meine Flöhe wiederhaben!« Mein Erstaunen wuchs zusehends, bis schließlich mein Begleiter lächelnd zu mir sagte: »Herr, du weißt wohl nicht, daß die Piaster bei uns Flöhe heißen.« In der Tat, der kleine Silberpiaster von der Größe der früheren deutschen silbernen Zehnpfennigstücke heißt in Syrien barghût, »Floh«, einmal weil er so klein ist, dann aber auch wohl wegen der vielen kleinen Striche in dem türkischen »Wappenzeichen«, das den Namen des Sultans enthält. – Da wußte ich, woran ich war; ich weiß aber nicht, ob der Gläubiger seine Flöhe zurückerhalten hat.

✢ ✢ ✢

DIE HINRICHTUNG DES FLOHS

Gegen Ende Dezember 1899 kam unsere Karawane durch Tripolis in Nordsyrien. Es war Regenzeit; der Erdboden war aufgeweicht und schlammig, so daß wir unsere Zelte nicht aufschlagen konnten, da die Pflöcke nicht hielten. Deshalb suchten wir Unterkunft in einer Herberge der Stadt, einem Chân. In leeren Zimmern wurden unsere Feldbettstellen aufgestellt. Am nächsten Morgen, als der Tag kaum zu dämmern begonnen hatte, ward ich durch ein seltsames Geräusch in dem Bette neben mir geweckt. Schlaftrunken öffnete ich die Augen zur Hälfte und sah, wie der eine meiner amerikanischen Reisegefährten in seinem Bette hin und her sprang. Endlich hielt er mit einem Ah! der Erleichterung etwas zwischen den Fingern und sprach vor sich hin: »Na, ich sage, so groß wie ein junges Kalb!« Dann stand er auf, goß etwas Wasser in eine Schale und ertränkte das »junge Kalb«. Darauf nahm er aus seinem Gepäck eine Schere und zerschnitt den Übeltäter in zwei Teile. Ich sah dem Schauspiele zu; doch mein Freund ahnte nicht, daß er beobachtet wurde. Schließlich zündete er eine Kerze an, verbrannte die beiden Hälften und sagte befriedigt zu sich selber: »Darauf gehe ich eine Wette ein, daß der Kerl niemals wieder beißt!«

QUELLENNACHWEISE
UND
ANMERKUNGEN

S. 8. Littmann, Neuarabische Volkspoesie, B II.

S. 10. Ebendort, B III.

S. 14. Ebendort, B X.

S. 16. Von der Gefangenschaft des Prinzen el-As'ad wird in der 228. und 229. Nacht erzählt. Der Prinz war in einer fremden Stadt von einem bösen Magier mit trügerischen Worten in dessen Haus gelockt und dort in ein unterirdisches Verlies geworfen. Dort klagte er einsam den Kerkermauern sein Leid in Liedern, und in einem dieser Lieder stehen die angeführten Verse; vgl. Littmann, Die Erzählungen aus den Tausendundein Nächten, Zweiter Band, S. 533.

S. 17. Nach Wiedemann, Beiträge zur Geschichte der Naturwissenschaften, LIII, S. 250/251.

S. 17 und S. 18. Nach ed-Damîrî, Kitâb hajât el-hajawân el-kubra, Bulak 1868, S. 153/154.

S. 19. Verse des Addâla und Dschamîl s. Littmann, Publications of the Princeton Expedition to Abyssinia, Band IV, Nr. 574 und Nr. 296. Zum Verständnisse der Verse des Addâla ist das Folgende zu bemerken:
Bei den Arabern und Abessiniern wird häufig ein Lied mit einem Gruße an die Geliebte oder der Beschreibung einer schönen Maid begonnen, selbst wenn der Hauptinhalt von ganz anderer Art ist; auch in der altnordischen Poesie war diese Sitte bekannt. Die Abessinier setzen diesen Gruß, den sie einem Freunde auftragen, manchmal an das Ende des Liedes. Da aber dieser erotische Eingang und Ausgang in den meisten Fällen zur reinen Formsache geworden ist, so machen sich einzelne Dichter bei den Abessiniern gewissermaßen darüber lustig, oder sie lehnen ihn ausdrücklich ab. Dies tat auch Addâla, der Sohn des Sennâr, ein Dichter vom Stamme ʿAd-Taklês in Nordabessinien. Er dichtete ein Lied zum Preise seines Häuptlings, der sich trotz seiner Niederlage den Feinden nicht unterwerfen wollte. Aber er begann es mit einem Gruße an ein Mädchen namens Halîma, die in Hebûb, im Tieflande seines Stammesgebietes, weilte, und er trug diesen Gruß einem Freunde namens Sâlem auf. Im Tieflande, in der Steppe und in der Wüste, gibt es kein Ungeziefer, natürlich mit Ausnahme der Läuse, die von den Menschen in ihren Kleidern überallhin mitgenommen werden. Aber im Hochlande, in den Hütten und Häusern der ansässigen Leute, wimmelt es von den gefürchteten Flöhen und Wanzen.

Die Laus ist jedoch ein treuer Begleiter. Und daher singt ein ungenannter Abessinier bei Conti Rossini, Canti popolari tigrai (Zeitschrift für Assyriologie, Band XVIII), S. 369, Zeile 6–8, über seine geliebte Uba:

Wie geht es, ach, wie geht es dir?
Die Laus deines Kleides preise ich mir:
Die weilt ja den ganzen Tag bei dir.

In einer mittelalterlichen lateinischen Epistel (Elegia de pulice, s. Wernsdorf, Poetae latini minores, Bd. 6, S. 248–251, S. 383–387) möchte der Dichter jedoch in einen Floh verwandelt werden, um bei seiner Geliebten sein zu können.

Das Lied des Dschamîl wurde an Tasfa-Gârgîs gerichtet, als dieser im Gefängnisse schmachtete, weil er einen vornehmen Mann, den Verführer seiner Frau, verwundet hatte. Tasfa-Gârgîs hatte in einem Liede geklagt, daß niemand seinem Widersacher ein Leid antue. Dschamîl antwortete darauf, er solle alle Hoffnung aufgeben; die oben angeführten Verse sind am Schlusse des Liedes an den Ehebrecher gerichtet, der jetzt von keiner menschlichen Rachehand bestraft, sondern nur von Ungeziefer und Heuschrecken gequält wird.

S. 20. Littmann, 1001 Nacht, Zweiter Band, S. 287–290 (150. und 151. Nacht). Die Geschichte wird in folgendem Zusammenhange erzählt. Ein Fuchs wollte mit listigen Worten die Freundschaft eines Raben gewinnen, und nachdem schon manche Worte zwischen den beiden gewechselt waren, sagte er: »Ich kenne Geschichten von der Trefflichkeit guter Freundschaft, und wenn du es wünschest, will ich sie dir gern erzählen.« Der Rabe antwortete: »Ich erlaube dir, sie mitzuteilen; sprich und erzähle mir davon, auf daß ich sie höre und verstehe und ihren Zweck erkenne.« »Höre, mein Freund,« so sprach der Fuchs, »vom Floh und von der Maus wird etwas erzählt, durch das bewiesen wird, was ich dir sagte.«

S. 23. Schulthess, Kalila und Dimna, I, S. 25. Das Buch von Kalila und Dimna ist im Morgenland und Abendland weit verbreitet gewesen; bei den Orientalen erfreut es sich noch heute großer Beliebtheit. Es kam aus Indien und wanderte über Persien zu den Syrern und Arabern und von ihnen zu den Griechen und Westeuropäern. Kalila und Dimna waren zwei Schakale, die sich beim Eingang zur Höhle eines Löwen aufhielten und mit dem König der Tiere viele Gespräche führten. Unter anderem sagte Dimna eines

Tages: »Es wird gesagt: Wessen Art du nicht genau kennst, den mache dir nicht zum Hausgenossen noch zum Tischgenossen; denn sonst könntest du so leiden müssen, wie die Laus durch den Umgang mit dem Floh zu leiden hatte.« Da fragte der Löwe: »Wie hatte denn die Laus zu leiden?« Nun erzählte Dimna die Fabel von der Laus und dem Floh.

S. 24. Hertel, Tantrâkhyâyika, Zweiter Teil, S. 20/30. Die Nutzanwendung zum Schlusse lautet: »Darum sage ich: ,Niemand gewähre jemandem eine Zuflucht, dessen Charakter er nicht genau erprobt hat.'«

S. 26. Die tibetische Fassung ist nach Bickell, Kalilag und Dammag, S. CXXV, wiedergegeben.

S. 27. Zeitschrift des Vereins für Volkskunde, 16. Jahrg., S. 383.

S. 28. Littmann, 1001 Nacht, Zweiter Band, S. 376 und folgende (171. Nacht und folgende Nächte).

S. 30. Littmann, Arabische Beduinenerzählungen, II, S. 30.

S. 32. Meusel, Pseudo-Callisthenes, I, Cap. 33; Raabe, Die armenische Übersetzung der sagenhaften Alexander-Biographie, S. 70/71; Jacobitz, Luciani Samosatenis, Opera, II, S. 36.

S. 32. In einem sinnigen arabischen Märchen (Dieterici, Der Streit zwischen Mensch und Tier), das einen Prozeß zwischen den Menschen und den Tieren vor dem Könige der Geister schildert, und das zu Basra im zehnten Jahrhundert entstand, werden die Oberhäupter der verschiedenen Tierklassen durch einen Gesandten zu dem König entboten. Dieser Gesandte kam auch zu dem König der Kriechtiere: Schlangen, Vipern, kleine und große Skorpione, Geckos, Chamäleons, Mistkäfer, Asseln, Spinnen, Fliegenjäger, Kamelläuse, Heuschrecken und Flöhe.

S. 34, Nr. 1. 1. Samuelis 24, 15. König Saul hatte in der Höhle zu Engedi geschlafen, und David, den er mit dreitausend Mann verfolgte, hatte ihm doch kein Leid angetan, sondern ihm nur einen Zipfel vom Gewande abgeschnitten zum Zeichen, daß der König in seiner Gewalt war. Als Saul die Höhle verlassen hatte, rief David ihn und hielt ihm vor, wie nutzlos diese Verfolgung sei.

S. 34, Nr. 2 und 3, ed-Damîrî, S. 153. Solche bezeichnenden, oftmals übertreibenden und derben Vergleiche sind im Arabischen außerordentlich beliebt. Man kann auch sagen: »Er klebt fester als eine Zecke« oder »Er läßt öfter Wasser als ein Hund« und vieles andere der Art.

S. 34, Nr. 4, Jewett, Arabic Proverbs and Proverbial Sayings,

Nr. 190; statt a'qal ist vielleicht a'laq zu lesen.
Nr. 5, Na'ûm Schuqaír, Amthâl el-'Awâmm, S. 84, Nr. 12, und Spitta-Bey, Grammatik des arabischen Vulgärdialekts von Ägypten, S. 507, Nr. 176. – Von aufgeblasenen Tröpfen ist in arabischen Sprichwörtern oft die Rede; so heißt es z. B. auch (Spitta, S. 514, Nr. 267): Mit nacktem Hinterteil – und stolziert groß einher.
Nr. 6, Socin, Arabische Sprichwörter und Redensarten, Nr. 346.
Nr. 7, Löhr, Der vulgärarabische Dialekt von Jerusalem, S. 108. — Die gleiche Bedeutung hat ein mesopotamisch-arabisches Sprichwort (Socin, Zeitschrift der Deutschen Morgenländischen Gesellschaft, Bd. 37, S. 208, Nr. 670): »Es ist, als ob du Hunde kastriertest« und in der arabischen Literatur »Er kastriert Esel« – lauter unnütze Dinge, die keinen Zweck haben.
Auch im deutschen Sprichworte ist der Floh nicht unbekannt. In dem abgelegenen kleinen Saterlande, im südlichen Teile des Herzogtums Oldenburg, wo die Bewohner mit ihrer alten friesischen Sprache auch eine kräftige Ausdrucksweise beibehalten haben, gibt es Sprichwörter wie »Auch gut, sagte der Bauer, da hatte er eine Laus gefangen, und er war auf der Flohjagd« oder »Je magerer der Hund ist, desto mehr Flöhe hat er« oder »Er ist so voll von Komplimenten wie der Hund voller Flöhe«. So nach Bröring, Das Saterland, II, S. 60, Nr. 348; S. 71, Nr. 470; S. 84, Nr. 621.

S. 35, Nr. 1: Fîdal Tigrinja (Missionsdruckerei in Asmara), S. 56, Nr. 356. Das sagt man wohl, um einen lästigen Menschen von sich fernzuhalten. Ebenso umgekehrt ist die Welt, wenn gesagt wird: »Wehe, der Kuhfladen ist untergegangen; wehe, der Stein schwimmt oben« (Fîdal Tigrinja, S. 54, Nr. 295). Ähnlich bei Reinhardt, Ein arabischer Dialekt gesprochen in 'Omân und Zanzibar, S. 417, Nr. 190: »Der Stein schwimmt und der Mist sinkt.«

S. 35, Nr. 2, Löhr, Der vulgärarabische Dialekt, S. 106, Nr. 7.
Nr. 3, ebendort, S. 107, Nr. 18, und Bauer, Volksleben im Lande der Bibel, S. 242, Nr. 7.
Nr. 4, Meißner, Neuarabische Sprichwörter und Rätsel aus dem Iraq, Nr. 79. – Andersgeartet sind drei deutsche Flohrätsel, von denen die ersten zwei wiederum auch im Saterlande bekannt sind: Alles muß seine Zeit haben, was muß in Eile geschehen? Das Flohfangen. – Wieviel Flöhe gehen in einen Scheffel? Gar

keiner, sie springen alle wieder heraus. – Wie ist der erste Floh nach Oldenburg gekommen? Schwarz. Vgl. Strackerjan, Aberglaube und Sagen aus dem Herzogtum Oldenburg, 2. Auflage, 2. Band, S. 176.

Nr. 5, el-Muqaddasi, Kitâb ahsan et-taqâsîm fî ma'rifat el-aqâlîm, herausgegeben von de Goeje, 2. Auflage, S. 161, Z. 5–8.

S. 36. Röder, Urkunden zur Religion des alten Ägypten, S. 7. Der Hymnus stammt aus der Zeit um die Mitte des zweiten Jahrtausends vor Christi Geburt; in ihm wird die Herrlichkeit des Sonnengottes in der Natur gepriesen. Mit ähnlichen Worten wird die Allmacht Gottes und seine Fürsorge für die geringsten und kleinsten Tiere auch in arabischen Sprichworten und in abessinischen Liedern geschildert.

S. 36. Ed-Damîri, S. 153.

S. 39. Zahn, Acta Johannis, S. 225/226; vgl. Hennecke, Neutestamentliche Apokryphen, S. 443 444.

S. 40. Maçoudi, Les Prairies d'Or, Band II, Paris 1863, S. 406.

S. 41. Ed-Damîri, S. 153, S. 154/155.

S. 43. Nach Mitteilung von Herrn Dr. Grapow in Berlin. Es handelt sich um den medizinischen Papyrus Ebers, der aus der 18. Dynastie stammt, also aus der Zeit um die Mitte des zweiten Jahrtausends vor Christi Geburt.

S. 44. Land, Anecdota Syriaca, IV, S. 100.

S. 44. Dillmann, in den Abhandlungen der Berliner Akademie der Wissenschaften, 1884, II. Abhandlung, S. 39. – Es ist kaum anzunehmen, daß die Verordnung des Königs Zar'a-Jacob streng durchgeführt wurde. Großen Erfolg hat sie auch nicht gehabt; denn die Zauberei steht auch heut noch in Abessinien in voller Blüte.

S. 45. Ed-Damîri, S. 152/153.

S. 47. Wüstenfeld, el-Cazwîni's Kosmographie, Erster Teil, S. 429.

S. 48. Man vergleiche die Wörterbücher.

S. 50. Euting, Sinaïtische Inschriften, S. 11, Nr. 65; Hess, Beduinennamen aus Zentralarabien, S. 11; Vocabulaire des noms des indigènes de l'Algérie, S. 45; Schweinfurth, Auf unbetretenen Wegen in Ägypten, S. 87.

S. 52. Kolmodin, Traditions de Tsazzega et Hazzega, Abschnitt 39; Coulbeaux-Schreiber, Dictionnaire de la langue Tigraï, S. 352.

S. 53. Das Motto ist einem arabischen Liede entnommen, das im Jahre 1911 ein Deutscher, der des Arabischen mächtig war, auf den scheidenden deutschen Direktor der vizeköniglichen Bibliothek dichtete. In diesem Liede wurden dessen mannigfache Fahrten im Morgenlande beschrieben. Der Verfasser dachte dabei an Schanfara, den unsteten Wüstenhelden des alten Arabiens. Als der von seinem Stamme vertrieben war, dichtete er in stolzem Trotze ein Lied über sein Schicksal, über sein Tun und Treiben und über sein Leben in der Steppe. Er hatte keine Gefährten mehr unter den Menschen; darum sang er:

Ein glatter Panther, bunt von Fell, der Schakal, die Hyäne,
Die hinkende, sei mein Gesell, mit strupp'ger Nackenmähne.

S. 53–57. Wetzstein, in der Zeitschrift der Deutschen Morgenländischen Gesellschaft, Band 22, S. 110/111. Hess, in der Zeitschrift für die alttestamentliche Wissenschaft, 1915, S. 129; Euting, Tagbuch einer Reise in Innerarabien, I, S. 9, 11, 21, 67, 119; II (herausgegeben von Littmann), S. 197, 280/281; Musil, Arabia Petraea, III, S. 20/21; Nöldeke, Orientalische Skizzen, S. 227; Mader, Altchristliche Basiliken und Lokaltraditionen in Südjudäa, S. 185, 218.

✣ ✣

✣

(Für mehrere Hinweise und Mitteilungen ist der Verfasser den Herren Dr. Grapow in Berlin und Professor Ranke in Heidelberg, besonders Herrn Prof. Pfister in Tübingen zu Dank verpflichtet.)

INHALT

✣ ✣

✣

RADIERUNGEN

+ +

+

HIER ENDET DAS BÜCHLEIN »VOM MORGENLÄNDISCHEN FLOH« VON ENNO LITTMANN, MIT RADIERUNGEN VON MARCUS BEHMER.

Zweite Auflage in der Insel Bücherei 1987
Insel Verlag Frankfurt am Main 1972
Druck: Nomos Verlagsgesellschaft, Baden-Baden
Printed in Germany
ISBN 3-458-08966-7